Illustrated Gas Pipeline Network Operating Contract

图解天然气管网运营合同

黄东潮　牟越　吴彦杰◎主编

中国经济出版社
CHINA ECONOMIC PUBLISHING HOUSE
北 京

图书在版编目（CIP）数据

图解天然气管网运营合同 / 黄东潮，牟越，吴彦杰主编．--北京：中国经济出版社，2024．5
ISBN 978-7-5136-7752-3

Ⅰ．①图… Ⅱ．①黄… ②牟… ③吴… Ⅲ．①天然气输送-管网-运营管理-经济合同-中国-图解 Ⅳ．①D923．6-64

中国国家版本馆 CIP 数据核字（2024）第 088558 号

责任编辑　罗　茜
责任印制　马小宾
封面设计　久品轩

出版发行　中国经济出版社
印 刷 者　北京艾普海德印刷有限公司
经 销 者　各地新华书店
开　　本　710mm×1000mm　1/16
印　　张　15．25
字　　数　232 千字
版　　次　2024 年 5 月第 1 版
印　　次　2024 年 5 月第 1 次
定　　价　88．00 元
广告经营许可证　京西工商广字第 8179 号

中国经济出版社 **网址** http://epc.sinopec.com/epc/ **社址** 北京市东城区安定门外大街 58 号 **邮编** 100011

编写组成员

主　　编　黄东潮　牟　越　吴彦杰

副 主 编　高桂林　韩　强　盖铁猛　金　硕
姜　勇　赵　钊　李小滨

支持单位　中国石油化工股份有限公司
北京市法学会环境资源法学研究会

作者介绍

黄东潮

中国石化天然气分公司总法律顾问、首席合规官，北京交通大学硕士，先后就职于中国石化中原油田、中国石化天然气分公司。对企业管理、企业合规管理、管道运营管理、管道工程建设有丰富的理论和实践经验。

牟　越

中国石化天然气分公司法律高级主管，中国石油大学（华东）硕士，长期从事石油天然气勘探开发、石油工程、天然气贸易等法律合规管理工作，有丰富的能源领域法律合规管理经验。

吴彦杰

北京市京师律师事务所合伙人，华东政法大学经济法学士，中国政法国际经济法硕士。曾就职于中国石化 15 年，从事律师工作 6 年。曾担任十数个石油天然气企业的法律顾问，处理大量油气资源领域的非诉法律事务和诉讼案件。

高桂林

首都经济贸易大学法学院教授、环境与经济法治研究中心主任，博士生导师。社会职务有：北京市人民政府特约人员、人民监督员，民建北京市委法制委员会副主任委员、参政议政工作委员会副主任委员、丰台区工委首经贸支部主任委员。主持、参加国家基金项目 8 项，主持省部级科研项目 7 项，出版专著 9 部，主编教材 4 部，发表学术论文 60 余篇。

韩　强

北京济和律师事务所主任、党支部书记。社会职务有：北京市朝阳区律师协会副会长、北京市律师代表大会代表、承德仲裁委员会仲裁员、珠海冠宇独立董事、康乐卫士独立董事。在资本市场、投资与并购、常年法律顾问、民商事诉讼领域，具有丰富的经验。

盖铁猛

╱北京市乾成律师事务所创始合伙人、副主任。社会职务有：最高人民检察院民事行政检察咨询专家组专家，中央民族大学法学院客座教授，中国法学会会员，北京市法学会环境资源法学研究会常务理事等。在 19 年的执业经历中，积累了大量诉讼和非诉讼业务的处理经验，专业领域涉及并购重组法律事务、公司法律事务、商事合同法律事务。在重大商事诉讼、仲裁领域及并购重组领域，具备丰富的执业经验和精准的解决方案。

金　硕

╱国家管网集团高级工程师，中国石油大学（北京）硕士研究生，油气储运工程专业。长期从事于油气管道生产运行、计划编制、计量管理等工作。

姜　勇

╱中石油天然气销售分公司（昆仑能源有限公司）油气储运专业高级工程师，河北地质大学学士，北京市朝阳区中级人民法院候任人民陪审员。从事油气管道生产运行和城市燃气业务已 20 年。

赵　钊

╱北京市京师律师事务所执业律师，华东理工大学安全工程学士，美国马里兰大学消防工程硕士。曾先后任职于美国达拉斯市政府和国际知名工程咨询公司，参与众多海内外石油化工、超高层建筑、大型商业综合体的建筑工程项目。在从事律师工作中，为石油化工企业提供了各类诉讼及非诉类法律服务。

李小滨

╱北京市律师协会申执委成员、北京市朝阳区律师协会环境与资源专业研究会副主任、北京市法学院环境与资源业务研究会理事。律师执业 17 年，深耕矿业法律领域，在矿业刑事合规、非法采矿案件领域有深厚的理论知识和丰富的实践经验。

PREFACE

序

工商业细分，如梳如篦。法学研究，虽浩如烟海，但在细分领域进行耕耘，更可彰显法律的生命力，亦有助于相关领域的发展。

2017 年以来，国家持续不断深化石油天然气体制改革，其中，油气管网公平开放是重要的中间环节。公平开放油气管网，上游和下游才能避免掣肘从而实现充分竞争。管网运营企业通过“X+1+X”的运营模式，连接整个产业链。具体来说，天然气管网直接影响托运商，间接影响油气企业、天然气进口企业、城市燃气企业、用气企业，最终影响千家万户。

天然气管网运营合同本身内容极其复杂，其中某些合同机制又较为特殊，鲜见于其他合同。虽然有国际惯例和商业惯例可以借鉴，但从未适用于像中国这样如此规模的统一大市场。天然气管网运营合同需要兼顾国际国内惯例、我国国情政情，以及油气体制改革历史，才能形成平稳运行、保障有力的“全国一张网”。

毋庸置疑，自改革开放以来，中国一直在践行社会主义市场经济体制改革，但在管网运营领域，实际上仍是计划占主导地位，并非依照市场意义上的合同。油气体制深化改革，管网公平开放，迫切要求行业参与各方主体，都能够精准理解和使用管网运营合同。

中国石化天然气分公司和朝阳区律师协会发挥各自的专业优势，迎难而上，组织相关企业的专业人员，会同专家律师，共同研究并编纂本书，是一场及时雨。

本书不拘泥于某一合同或合同条款，而是站在产业链的高度，统筹分析管网运营合同体系的基本框架和各项机制。对于一些不易理解的合同机制，本书创造性地利用思维导图，分析论证其合理性，并针对性地提出风险防控建议。品读这本书，可以比较全面和深入地了解天然气管网运营合同。在管网运营这一特别细分的领域，这是一本难得的法律工具书。

特此为序！

黄振中
北京师范大学法学院教授、博士生导师
中国能源法研究会常务理事
北京市京师律师事务所终身荣誉主任
2024 年 5 月 14 日

FOREWORD

前言

中共中央、国务院印发了《关于深化石油天然气体制改革的若干意见》明确了深化石油天然气体制改革的指导思想、基本原则、总体思路和主要任务。其中第三项任务是改革油气管网运营机制，提升集约输送和公平服务能力；分步推进国有大型油气企业干线管道独立，实现管输和销售分开；完善油气管网公平接入机制，油气干线管道、省内和省际管网均向第三方市场主体公平开放。

2019 年 12 月，国家石油天然气管网集团有限公司成立，2020 年 9 月正式运营，国家石油天然气管网集团的成立是深化油气体制改革和管网运营机制改革取得的重大成果。此后，其他企业的天然气基础设施也陆续实现公平开放。油气管网运营机制改革的成功，给油气行业带来深远的影响，为油气行业实现统一大市场打下了坚实基础。

对于中国石化而言，油气管网运营机制改革，意味着对天然气基础设施的使用，从内部调度关系转变为外部托运关系，各级生产经营管理人员需要充分适应这种转变。同时，中国石化保留的管道、LNG 接收站、储气库，在自用之余，已对外公平开放提供管网服务，也有可能接受国家管网集团的统一调度。从托运商和管网运营者的双重角度来看，中国石化均需要精准使用天然气管网运营合同。为此，中国石化天然气分公司组织力量，开展了天然气管网运营合同的系统性研究工作。其间，还解答了合同履行中出现的问题，为精准履行天然气管网运营合同发挥了重要作用。在此过程中，我们深刻地感受到，对于天然气管网运营合同，如果孤立地分析某个条款，往往难以理解，容易使用错误或风险防控失准，因此，需要微观合同机制的具体设计、中观合同的整体架构、宏观管网运营企业“X+1+X”的运营模式，深刻理解天然气平台经济的特征。

为了便于中国石化和其他托运商、管网运营企业正确理解和使用天然气管网运营合同，中国石化会同北京市法学会环境资源法学研究会、北京市朝阳区律师协会环境与资源业务研究会，组织一批熟悉油气行业的专家律师和天然气行业的专业人员，编纂本书，以期助力油气统一大市场的健康发育，保障国家能源资源安全战略。

本书由黄东潮同志统筹规划；编写分工为牟越负责第一章和第七章，吴彦杰负责第三、第四、第五章，赵钊负责第二章和第六章。其他编委负责提供资料、参与讨论、审核校对，并参与了部分篇章的编写工作。

定义和简称

为了便于阅读本书，结合《天然气基础设施建设与运营管理办法》《天然气管网设施运行调度与应急保供管理办法（试行）》的规定，对相关术语进行定义。

（一）管道：指提供公共运输服务的输气管道及附属设施，不包括油气田、液化天然气接收站、储气设施、天然气液化设施、天然气压缩设施、天然气电厂等生产作业区内和城镇燃气设施内的管道。

（二）液化天然气（LNG）接收站：指接收进口或者国产液化天然气（LNG），经汽化后通过天然气输送管道或者未经汽化进行销售或者转运的设施，包括液化天然气装卸、存储、汽化及附属设施。

（三）储气库：指利用废弃的矿井、枯竭的油气藏、地下盐穴、含水构造等地质条件建设的地下储气空间和建造的储气容器及附属设施，通过与天然气输送管道相连接实现储气功能。

（一）、（二）、（三）合称天然气基础设施或管网设施。

（四）天然气基础设施运营企业，简称管网运营企业：在中华人民共和国境内注册、符合国家法律法规及相关产业政策，合法运营天然气管网设施的企业。管网运营企业须具备提供运输、存储等服务以及维护天然气管网设施安全稳定运行的能力。

（五）国家石油天然气管网集团有限公司，简称国家管网集团：是国家天然气主干管网设施运营企业。

（六）托运商：在中华人民共和国境内注册、符合国家法律法规及相关产业政策的天然气生产供应企业、贸易商、销售企业及大型终端用户，包括天然气（含煤制天然气、煤层气、页岩气、致密砂岩气、生物质气等）生产企业、城镇燃气企业、天然气零售企业、燃气发电企业、工业用户以及其他大型直供用户等。托运商须落实对应的天然气资源和销售市场，执行天然气管网设施相关技术管理准则和操作程序，满足相关商业和技术要求。托运商委托管网运营企业提供天然气运输和存储等服务，并按照服务合同约定组织上载或下载天然气。

（七）供应商：与托运商签订天然气或 LNG 购销合同，向托运商供应天然气或 LNG 的企业。

（八）采购商：与托运商签订天然气或 LNG 购销合同，向托运商购买天然气或 LNG 的企业。

CONTENTS

目录

第一章
天然气管网运营合同概述

第一节　管网运营机制改革

国家石油天然气管网集团有限公司（以下简称国家管网集团）成立于2019年12月9日，国家管网集团的成立是贯彻落实习近平总书记“四个革命、一个合作”能源安全新战略的重大举措，是国家关于深化油气体制改革和管网运营机制改革的重大部署。

2020年9月30日，国家管网集团举行油气管网资产交割暨运营交接仪式，全面接管原分属于三大石油公司的相关油气管道基础设施资产（业务）及人员，正式并网运营，这标志着我国油气管网运营机制市场化改革取得重大成果。

2020年10月10日，国家管网集团油气管网设施信息公开，发布首批托运商准入公告，同时发布管网剩余容量信息。此后，国家管网集团逐步完善托运商准入的条件和程序，并逐步完善容量分配程序。

国家管网集团的成立和运营，开启了我国油气管网事业发展的新征程。其发展战略为：坚持新发展理念，坚持服务国家战略、服务人民需要、服务行业发展，大力实施市场化、平台化、科技数字化和管理创新“四大战略”，加快建设“全国一张网”，着力打造智慧互联大管网、构建公平开放大平台、培育创新成长新生态，积极推动形成上游油气资源多主体多渠道供应、中间统一管网高效集输、下游销售市场充分竞争的“X+1+X”油气市场格局（见图1-1）。

在国家管网集团成立和运营的基础上，其他企业持有的天然气基础设施，也按照《天然气基础设施建设与运营管理办法》进行了公平开放。

图 1-1 “X+1+X”油气市场格局

管网互联互通并公平开放，使得更多市场主体积极参与天然气产供储销体系建设，有利于形成不同气源间的“气气竞争”，促进上游供气主体和下游销售主体进一步多元化，推动形成上游油气资源多主体多渠道供应、中间统一管网高效集输、下游销售市场充分竞争的“X+1+X”天然气市场格局。与此同时，“全国一张网”也有效地保障了天然气保供任务的完成。

第二节 天然气管网运营合同的概念

天然气管网运营合同，是指天然气管网运营企业与托运商签订的合同，目前主要包括天然气管道运输服务合同、液化天然气接收站使用合同和储气库使用合同。

天然气管网运营企业通过与托运商的合同关系，横向影响产业链的全流程，纵向影响托运商运营的全方位（见图 1-2）。托运商需要精准研判生产运营的诸多方面是否与天然气管网运营合同相匹配。

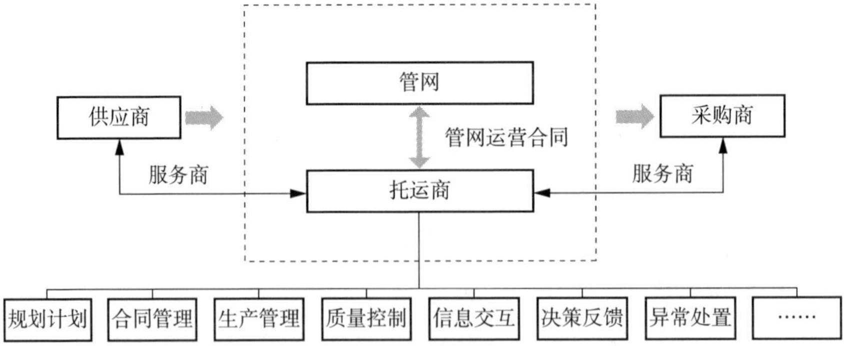

图 1-2 天然气管网运营合同影响的环节

特别提示，天然气管网设施的正常运营，是以托运商精准履行合同为前提的，托运商异常履行合同，容易给管网运营和其他托运商带来不利影响，严重的还可能给社会运行带来不利影响。

基于“X+1+X”的运营模式，天然气基础设施运营企业设计的天然气管网运营合同，对上下游企业均有严格的责任追究机制和责任传导机制，对托运商的权利行使也有严格的程序规定，托运商对此须有清醒认识。托运商如不能准确理解和使用天然气管网运营合同，精准防控风险，轻则可能引发合同异常履行或权益丧失，重则可能承担远超预期的责任。

天然气管网运营合同给托运商运营带来的全方位影响，将在后续篇章中详细介绍。

第三节　天然气管网运营合同的体系

前文已述，天然气基础设施运营企业通过与托运商的合同关系，横向影响产业链的全流程，纵向影响托运商运营的全方位。我们撰写本书，始终在阐述一种理念：天然气管网运营合同虽然是以独立生效合同的方式存在，但不可以孤立合同的方式看待。根据实践经验，我们在分析天然气管网运营合同体系时，分为两个方向：一是天然气管网运营合同自身的内体系（见图 1-3）；二是天然气管网运营合同影响的外体系。

一、内体系

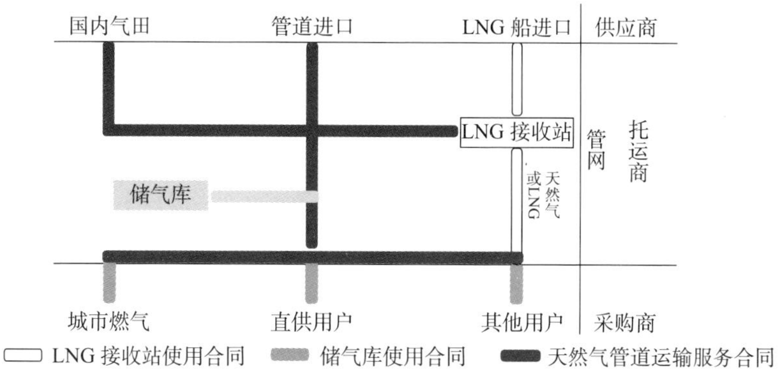

图 1-3　天然气管网运营合同自身的内体系

较大规模的托运商，可能与管网运营企业同时签订多份合同，也可能与多家管网运营企业签订合同，亦有可能与国家管网集团的多家下属公司签订合同（见图 1-4）。

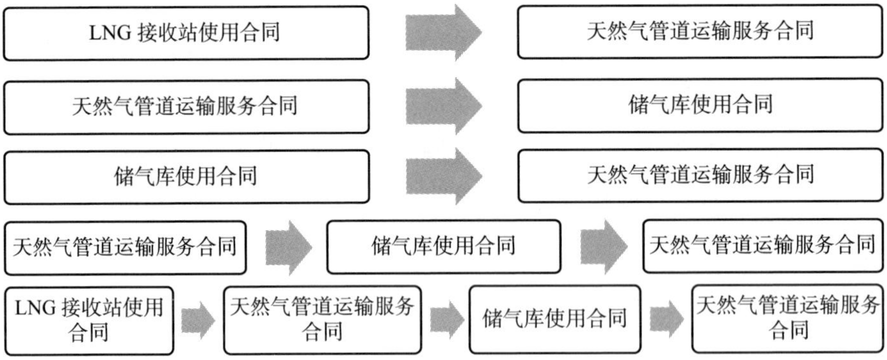

图 1-4　天然气管网运营合同类型

此外，签订合同的主体，可能是管网公司的多个下属企业。因此，运营上前后衔接，客观上要求合同也必须前后衔接。

二、外体系

如果我们把视角放到更高一层，从产业链的角度审视，在天然气管网运营合同的履行中，仅有一小部分是托运商直接履行的，大部分需托运商通过关联方间接履行。而在天然气管网运营合同下，此行为一般情况下由托运商承担直接责任。因此，我们将托运商与其他方签订、直接影响天然气管网运营合同并影响托运商权益的合同，称为“衔接合同”（见图1-5）。

托运商和其他主体签订的三类可能与天然气管网运营相关的合同：

一是与供应商签订的合同。

二是与采购商签订的合同。

三是与服务商签订的合同。服务商包括 LNG 船舶运营商、LNG 罐车或槽车运营商、平衡服务商等。

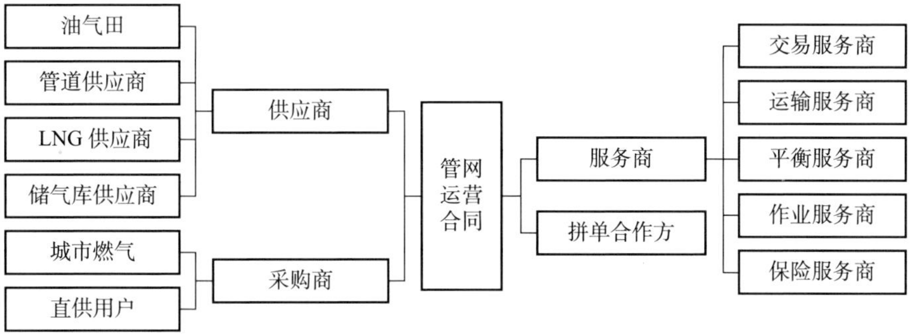

图 1-5　衔接合同

三、衔接注意事项

从体系化的视角看天然气管网运营合同时，应当高度关注内体系之间衔接、外体系之间衔接、内外体系之间衔接问题。我们重点关注以下两点：

1. 运营安排相互衔接

事项包括合同期、计划、天然气质量、信息交互安排等，均应保证高度衔接。避免不同合同之间安排相左时，不得不在其中一个合同中违约，从而导致不必要损失。

2. 责任传导相互衔接

应当注意天然气管网运营合同中的异常和责任双向传导特点。上游异常，可以迅速导致下游发生异常，责任由下游向上游传递；而下游异常，也可以迅速导致上游发生异常，责任由上游向下游传递。如果责任传导不相互衔接，可能会导致一个无过错的托运商，从前手承接责任，却无法向后手传导责任。为保证责任有效传导，责任计算方法和责任主张程序均应保持衔接。责任限额机制不能衔接时，应当妥善采取风险防控措施。

第四节　天然气管网运营合同的特点

天然气管网运营合同的双方当事人，一般表述为托运人与承运人，或使用方与接收站等。但与一般的运输合同、仓储合同或委托合同相比，天然气管网运营合同的特点非常突出。

一、技术特性和运营模式决定了合同特性

天然气管网运营合同的特殊性大部分源于天然气管网运营的技术特性和管网运营企业的运营模式。技术特性包括高度危险、气体混合、管道不平衡能力有限、损耗/蒸发等。运营模式的特性主要是“X+1+X”。这些技术特性和运营特性的存在，决定了天然气管网运营合同的整体框架、合同机制设计、权利义务的分配、权利义务的行使程序等。

二、看得见的是天然气在流动，看不见的是责任在流动

表面上看，设施和管道中流通的是天然气，但从法律视角来看，则是责任在流动。合同正常履行，各方之间互不追究责任，自然不发生责任传导；一旦发生异常，异常状况和责任极有可能在托运商与托运商之间、托运商与管网运营企业之间、托运商与其上下游和服务商之间快速传导。天然气管网运营合同对此有较为明确的规定，托运商应当对合同责任有清醒认识。

三、异常履行即时转责任

根据天然气管网运营合同，一旦发生未接收天然气、短提、短供、超提、未提、不合格天然气等异常情况，将即时转化为相关当事人的责任。

天然气管网运营合同的这一特点，可能对三大油气企业的影响较大。既往“三桶油”（中石油、中石化、中海油）各自通过自身管道输送天然气，一旦发生异常状况，可以通过自身的调度实现异常状况的化解。即便相互通过管道输送天然气，也因同属中央企业有较强的协调机制，较少演变为责任追究。

未来通过管网设施输送天然气，其“X+1+X”的运营模式已不允许个别托运商有超出其他托运商的权利，因异常状况受损的托运商也不会容忍有责任的托运商免责。因此，在“全国一张网”运行成熟后，异常状况将直接转化为相关托运商的责任。

四、运营精度要求高，信息交互要求快

基于管网运营企业运行的复杂性和管网设施对异常状况容忍的有限性，天然气管网运营合同要求计划与履行精准匹配。

同时，因为管网设施需要持续运行的特点，任何异常状况造成的影响也是持续的，如不能及时处置，可能持续造成损失。因此，天然气管网运营合同一般要求快速交互信息、快速作出决策、快速进行处置。

五、管网运营企业与托运商责任不对等

在天然气管网运营合同中，存在大量责任不对等情况。例如，同样在托运商向管网运营企业交付天然气/LNG 环节，因托运商原因造成的未能交付，与管网运营企业原因造成的未能接收，其责任构成存在较大差异。管网运营企业的赔偿责任，往往仅限于直接损失，限额为管输费的一定比例，而托运商的赔偿责任，则需要覆盖管网运营企业的直接损失、间接损失，甚至包括管网运营企业对其他托运商的赔偿责任，且无责任限额。在天然气管网运营合同的其他机制中，也有大量类似情况。

管网运营企业与托运商的责任不对等，并不意味着不公平。笔者认为不平等的原因在于两点：一是管网运营企业提供的是社会公共服务，因此其经营应当受到比较完备的保护，以免影响社会公众；二是管网运营企业收取的管输费本身额度较低（整个企业的收益率不得高于 8%），故不宜承担过重的责任。

六、管网运营企业享有最终决策权

在天然气管网运营合同中，如遇双方意见不统一，原则上均应先执行管网运营企业的意见。例如，在计划机制中，无论是年度计划、季度计划、滚动计划，还是周计划、日指定，包括调整计划，最终均需以管网运营企业的意见为准。

管网运营企业享有最终决策权，并非滥用市场支配地位，而是基于其作为社会公共服务提供者，应有权力统筹规划社会公共服务，不宜机械地秉持协商一致原则。

托运商对此应有容忍义务，最大限度地配合管网运营企业合理行使合同权利。但也应理顺自身信息交互、决策、作业行为，最大限度减少管网运营企业行使最终决策权后给自身造成的经济损失。

第五节　天然气管网运营合同的框架

图 1-6 是天然气管网运营合同较为完整的框架，但不意味着所有合同均需按此安排，部分合同基于其合同特性，可能不涉及某些机制。合同核心机制可以分为以下五部分：①计划机制；②接收机制；③服务机制；④交付机制；⑤特殊机制。

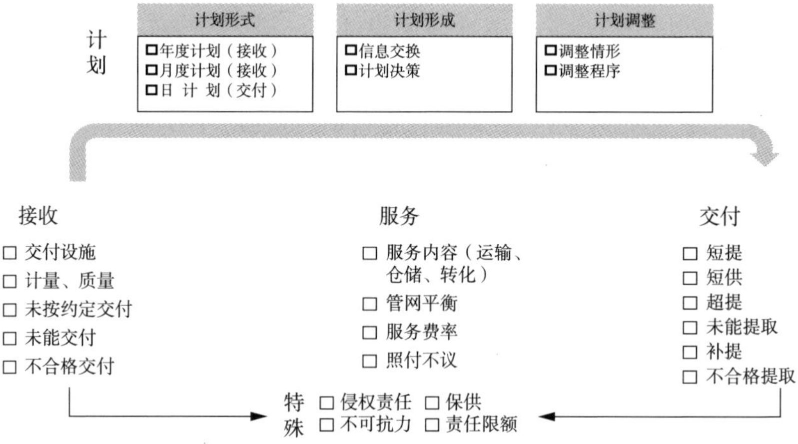

图 1-6　天然气管网运营合同框架

后续篇章将逐一予以分析。

第二章 天然气管网运营合同计划机制

第一节 计划机制的基本内容

计划机制，是指就管网运营企业提供服务的具体安排，管网运营企业与托运商根据合同约定进行形成或调整的机制。

根据天然气管网运营合同的基本框架，计划机制起到提纲挈领的作用。管网运营企业根据设施剩余输送/存储/服务能力，与托运商签订合同的模式和照付不议的计费机制，决定了管网运营实际上围绕计划开展。计划的形成和计划的调整，直接决定了天然气或 LNG 的接收、服务和交付。合同中的未能交付、未能接收、短提、短供、超提等，实际上都是未按计划履行所引申出来的合同机制。

计划机制在天然气管网运营合同中的作用见图 2-1。

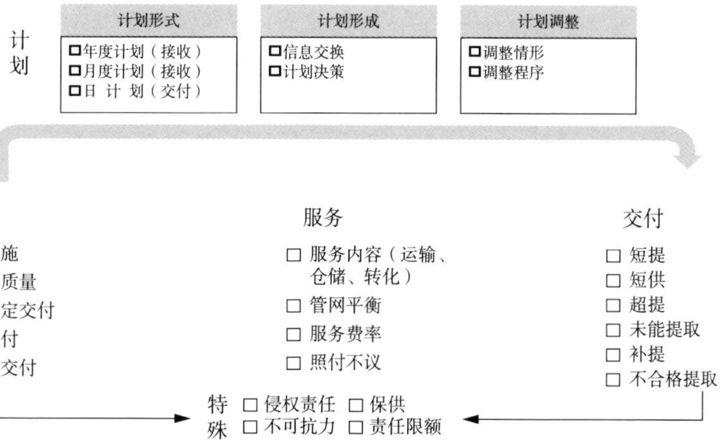

图 2-1 计划机制在天然气管网运营合同中的作用

图 2-2 列举了三类天然气管网运营合同计划机制的主要内容。在不同场景下应用时，计划机制可能还有变化，如周指定、定期滚动计划等。

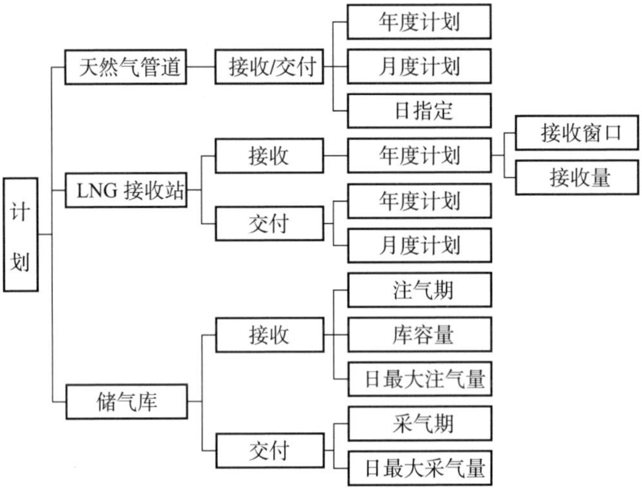

图 2-2　三类天然气管网运营合同计划机制的主要内容

第二节　计划的形成与调整

计划的形成需要充分结合管网设施的容量和托运商的需求，而计划的调整则需要结合托运商的需求和管网运营的实际情况。计划的形成和调整，均有较为严格的实体要求和程序要求。

一、计划形成和调整的节点

计划形成和调整的节点见图 2-3。

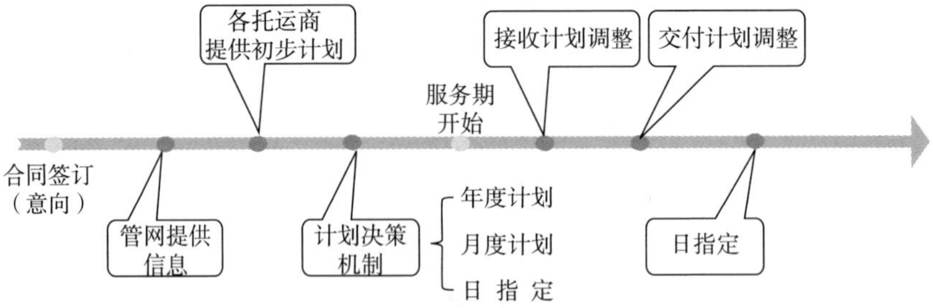

图 2-3　计划形成和调整的节点

特别提示

（1）年度计划、月度计划既有可能在合同签订时确定，也有可能在合同签订后、服务期开始前确定。

（2）日指定是计划的一部分，而不是调整计划；一定时期内日指定之和应当与当期计划相匹配。

（3）合同如约定日指定需要管网运营企业的最终确认方生效，应当从其约定。

二、计划形成与调整的规则

计划的形成机制，根据合同不同类型有不同的约定方式。但原则上，管网运营企业均有最终的决策权。在“X+1+X”模式下，管网运营企业需要综合考虑多方因素，拥有最终决策权较为妥当。托运商对此应当有容忍和积极配合的态度。计划的调整机制，一般约定为协商一致或签订补充协议。但原则上和事实上，管网运营企业还是有最终决策权；即便托运商不同意计划调整，管网运营企业因客观条件所限，最终也不能按原计划来履行。

三、计划调整是否应支付补偿

天然气管网运营合同一般约定：在一方申请计划调整时，另一方应尽最大努力满足该需求。但是否需要进行补偿，需要具体情况具体分析。

（1）如双方协商一致调整计划，则需在补充协议中约定补偿事宜，特别提醒损失计算应当有足够的前瞻性，尽量覆盖对第三方的补偿/赔偿数额。

（2）管网运营企业决定调整计划的，托运商是否有权主张补偿，可结合以下两点来决定：一是合同是否约定调整计划应当支付补偿；二是是否有证据证明发生或将要发生损失。

（3）在管网运营企业初步表示不同意调整计划时，托运商究竟是事先支付补偿以促成调整计划，还是事后发生异常支付补偿或赔偿，孰轻孰重，需要在实践中进一步探索。

（4）损失计算的注意事项，与未能接收天然气、短提、短供、未提取天然气等机制的损失计算类似。

第三节　与计划有关的提示与建议

一、上下游购销合同的计划，应当保持一定柔性

天然气管网运营合同一般在签订时，要求托运商与供应商和采购商已经签订上下游购销合同。上下游购销合同与天然气管网运营合同有着密切的关联性。但两者相比较，天然气管网运营合同有着更强的刚性。一方面，托运商根据上下游购销合同所制订的初步计划，未必能转化成正式计划；另一方面，合同履行过程中无论哪一方提议计划调整，管网运营企业都对计划调整有最终决策权，上下游合同必须按调整后的计划执行。因此上下游购销合同应当具有一定柔性，足以与天然气管网运营合同所规定的计划制订机制和计划调整机制相适应。

二、调整计划，应当争取时间窗口

天然气管网运营合同规定了调整计划的规则，但这种调整是需要时间窗口来安排的。托运商如需报请管网运营企业调整计划，应当尽可能提早，一方面增大获得准许的可能性，另一方面减少因影响生产计划而需要额外支付的补偿额。例如，LNG 接收站使用合同，如果托运商预计某船 LNG 的交付量高于计划，越早通知 LNG 接收站，LNG 接收站越有可能腾出库容以备接收。此外，如果管网运营企业通知托运商调整计划（无论双方是否签订了补充协议），那么托运商应当尽可能提早安排上下游购销合同的调整，以免发生违约。

三、因对方原因造成计划调整的，应及时主张权利

管网运营企业或者托运商，因对方原因造成计划调整，并发生或可能发生损失的，可以根据合同约定的方式和程序主张补偿。

四、托运商因供应商、采购商、服务商原因，造成计划调整的，应当向其主张权利

托运商请求调整计划，并不一定是自身原因，也可能缘于供应商、采购商、服务商。托运商因此向管网运营企业申请调整计划，而承担补偿责任的，可以考虑将责任传导给有过错的供应商、采购商、服务商，尽量避免自身承担无过错的责任。

五、天然气生产企业应当考虑管网计划的影响

既往，油气田企业均根据上级的计划，通过勘探开发和处理净化来生产天然气，生产本身具有不确定性。一般不需要考虑在某个交接点的交付量和交付时间；即便有偏差，责任也相对较轻。但在“全国一张网”建成后，在管网设施的某个交接点上的交付时间和交付量，均为合同义务，出现偏差即有合同责任。油气田企业如何平衡生产的不确定性和管网运营的新要求，值得进一步研究。

与本章相关的合同条款示例及法律法规

《天然气管道运输服务合同》

5　计划与调度

5.1　在每年开始【】日前，甲方应根据年度签约输送能力向乙方报送该年度的分月天然气购销计划（包括各接入点和交付点的接气和下载计划），乙方根据该计划合理编制年度分月天然气管道运输计划，经甲方确认后组织实施。

5.2　在每月开始【】日前，甲方根据经确认的月度签约输送能力，

向乙方报送下一月度的分日天然气管输计划（包括各接入点和交付点的接气和下载计划），乙方根据该计划合理编制月度天然气管道运输计划，经甲方确认后组织实施。

5.3　乙方应按照计划向甲方提供管输服务。甲方应尽合理努力保持实际输气量和管输计划相一致。甲方如有超出月度签约输送能力或年度签约输送能力的输气需求可另行与乙方协商。

5.4　任一方如果预计无法按照管输计划提供或接收天然气时，应按诚意原则及时通知另一方，通知需要以书面的方式送达对方，且保证对方代表人签收。该等通知不免除甲乙双方按照本合同约定应承担的违约责任。

6　日指定

6.1　日指定的提交规则包括：

6.1.1　双方确认的管输计划，包括但不限于年度管输计划、月度管输计划，均应被视为原日指定。

6.1.2　甲方未在乙方的日指定周期内提交更改的，乙方有权以甲方提供的前一日日指定或最小周期的原日指定作为甲方最终日指定。

6.1.3　在原日指定日期范围内收到一日或多日的后续日指定时，经乙方确认后，此前的日指定仅在后续日指定标明的日期范围内被取代，原日指定不在后续日指定标明范围之内的则不受影响。

6.1.4　日指定只对未发生的运输产生效力。

6.1.5　对于甲方提交的所有日指定，应细化至资源接入的具体站场和分输用户的具体分输站场，待乙方确认后生效。

6.1.6　在甲方日指定不超过月度计划中对应计划量且不违反本合同其他条款约定的情况下，乙方应按照甲方日指定量输送天然气。

6.1.7　甲方根据用户需求在月度购销计划的基础上适当调整周预测量，编制周计划，并于每周五15：00之前向乙方提交下周（周一至周日）用户用气周计划。周计划只作为乙方运行安排参考，不具有约束效应，实际运行仍以日指定为准。

6.2　乙方支持以下标准日指定周期：

6.2.1　日指定周期：在气体运输前一日，甲方在15：00前提出甲方的接入点和交付点日指定，应保持接入和交付平衡；乙方在18：00前确认并发布。

6.2.2　日指定变更：气体运输当日20：00前甲方提出日指定变更，变更应包括接入点和交付点，并保持接入和交付平衡；21：00乙方确认并发布。除经乙方同意，每个接入点和交付点每日只可变更一次日指定，甲方当日所有日指定变更应尽可能一次性集中提交；如遇特殊及应急情况，则由双方协商确定。

6.3　如果出现以下情况，乙方可在告知甲方的前提下调整甲方的日指定：

6.3.1　为保证管道的安全运营，在任一输气日，双方均有义务控制和配合对方控制天然气的流量，使其尽可能等于日指定量，除非由于另一方的责任或者接入点/交付点的压力不符合规定，导致无法对接入点/交付点的天然气流量进行有效控制。在乙方预计甲方实际输气量与日指定偏差较大时，乙方提前通知甲方后可采取控制措施予以调整，由此产生的后果由甲方承担。

6.3.2　由于管道运行的动态连续性，任一方在天然气接入和交付时，实际交付数量会在应交付数量的基础上与日指定量存在一定正向或负向的偏差，即运行操作偏差（接入点和交付点日指定偏差控制标准：日指定量小于30万方时，每日接入和交付偏差控制在接入点和交付点日指定量不超过±4%且不超过6000方；日指定量为30万~300万方时，每日接入和交付偏差控制在接入点和交付点日指定量的±2%且不超过3万方；日指定量为300万~1000万方时，每日接入和交付偏差控制在接入点和交付点日指定量的±1%且不超过30万方；日指定量为1000万方以上时，每日接入和交付偏差控制在接入点和交付点日指定量的±1%且不超过100万方。在用气高峰期，原则上避免出现正偏差）。由于技术层面的限制，合理范围内的运行操作偏差可以被接受。

6.4　甲方需遵从乙方要求的提交方式按时提交日指定申请。乙方要求的提交方式包括但不限于指定平台、电子邮件。

6.5　双方可根据实际需要，签署调度运行合同明确双方责任和义务。

《液化天然气接收站使用合同》

第 6 条　接收 LNG 的计划安排

6.1　年度计划

双方同意根据下列规定或者附件十安排在 LNG 交付点接收 LNG 货物。

6.1.1　初步信息

接收站使用方应不迟于每一合同年开始前的 10 月 15 日（就本合同项下第一个合同年而言，指本合同生效日后的 5 日内）向接收站公司提供该合同年的下列信息：

（a）一份预计的天然气和 LNG 提取计划，该计划应列出接收站使用方在该合同年的每一个交气点的年指定量和预测月指定量。

（b）双方约定的 LNG 计划交付量，或接收站使用方预计的 LNG 年计划交付量，此数量（ⅰ）应小于年服务合同量；（ⅱ）加上接收站使用方在该合同年开始时的 LNG 库存后，应大于接收站使用方在所有交气点的年指定量总和。

（c）接收站使用方希望在每个合同月在接收站公司卸载的 LNG 数量、LNG 货物的船数，所有合同月计划卸载的 LNG 货物的数量总和应基本等于 LNG 年计划交付量。接收站使用方应保证本合同年每个合同月在接收站公司卸载的 LNG 数量的总和基本等于 LNG 年计划交付量。

（d）每船 LNG 货物的预计交付量。

（e）每船 LNG 货物的 LNG 的预计热值。

6.1.2　月交付量计划

在与接收站使用方以及其他接收站使用方商讨之后，接收站公司将在不迟于每一合同年开始前的 11 月 1 日向接收站使用方发出一份不具有约束力的月交付量计划，列出预计在该合同年的每一个合同月中接收站使用方所有的，可交付的 LNG 的数量及 LNG 货物的船数、预计到达窗口。

6.1.3　交换信息

接收站公司根据第 6.1.2 条的规定发出月交付量计划后，接收站公司将与接收站使用方进一步商讨下一个合同年和第一个合同年（如适用）内货物的交付计划。每一方将不时向另一方提供其可能掌握的与下一个合同年和第一个合同年（如适用）的 LNG 卸载计划、天然气和 LNG 提取计划的制订有关的信息，对接收站使用方而言，则包括每一船货物的 LNG 船名称、LNG 船的容积、预计到达日期、预计卸载量、装载港、LNG 货物热值、LNG 船滞期费以及其他接收站公司要求提供的信息（如有）。接收站公司将根据其自身运营情况、年度检维修计划以及其他接收站使用方的计划安排情况不时向接收站使用方反馈其认为可行的接收站使用方的 LNG 船货计划和天然气/LNG 提取计划。

6.1.4　年度计划

接收站公司应不迟于每年的 12 月 5 日（就第一个合同年而言，为本合同生效日后的 15 日内）向接收站使用方发出下一个合同年和第一个合同年（如适用）的年度计划。

该年度计划应包含根据本合同的条款计划接收的每一船货物的下列信息（前提是接收站使用方提供了相关信息）：

（a）接收站公司颁布的接收站使用方的 LNG 年计划交付量。

（b）接收站公司颁布的接收站使用方在每一个交气点的年提取量和同意预测月指定量。

（c）接收站公司颁布的计划在下一个合同年和第一个合同年（如适用）接收的接收站使用方的每一船货物的下列信息（前提是接收站使用方提供了相关信息）：

（ⅰ）预计到达窗口；

（ⅱ）预计交付量；

（ⅲ）预计 LNG 船的名称和滞期费率（如有）；

（ⅳ）预定的装载日期（如有）；

（ⅴ）接收站公司合理认定有必要注明的其他信息。

6.2　滚动接收计划

6.2.1　滚动接收计划

接收站公司将在每个合同月的二十五（25）日之前向接收站使用方发出一份为期 3 个月的 LNG 货物滚动交付计划（下称“滚动接收计划”），该计划将取代以前的滚动接收计划以及年度计划中涉及相同时段的计划，并应反映需对年度计划所作的任何修改。接收站公司可根据生产需要修改滚动接收计划和年度计划。

6.2.2　预计交付量的修改

如果接收站使用方意识到任何一船货物中的 LNG 的估计卸载数量将与滚动接收计划中规定的该船货物的预计交付量之间存在较大差异，接收站使用方应立即通知接收站公司，该通知中应包括接收站使用方对拟交付的 LNG 的实际数量的估计。如果接收站使用方估计的数量超过了预计交付量，则接收站公司没有义务卸载任何超过预计交付量的 LNG。

6.2.3　年度计划或滚动接收计划的其他修改

发出年度计划或任何相关的滚动接收计划以后：

（a）接收站公司有权根据 LNG 接收站设施的情况对年度计划和滚动接收计划进行修改，接收站使用方应配合该等修改。

（b）接收站使用方有权根据其下游用户的天然气和 LNG 提取情况或 LNG 供应安排的情况向接收站公司提出对年度计划或滚动接收计划修改的要求，接收站公司应尽合理努力满足该等要求。

年度计划和/或滚动接收计划修改后，接收站公司将发出一份能反映该等修改的年度计划和/或滚动接收计划。如果因上述修改需对下游用户的天然气交付计划作合理的修改，则接收站公司还有权根据附件七的规定对下游用户的天然气和 LNG 提取计划作出修改。

第 10 条　天然气的交付

10.1　一般规定

10.1.1　时间安排与指定

本合同项下交付天然气和 LNG 的所有计划和指定均按照附件七或者附件十的规定进行。

《液化天然气接收站使用合同》附件七　天然气或 LNG 提取机制

1　定义与解释

本附件七中标注黑体但未定义的词语的含义与其在本合同主文中的含义相同。

2　年提取量的确定和月指定量的预测

2.1　不迟于每个合同年开始前的10月15日，接收站使用方应就所有交气点向接收站公司指定：

（a）该合同年的每一个交气点初步预期的年指定量；以及

（b）该合同年内每个合同月每一个交气点初步预期的预测月指定量。

2.2　不迟于每个合同年开始前的12月5日，在与接收站使用方协商后，接收站公司应批准每一个交气点的年提取量和同意预测月指定量，并通知接收站使用方。

3　月提取量的确定和周指定量的预测

3.1　接收站使用方应不迟于在每个合同月开始前9天向接收站公司指定所有交气点的：

（a）该合同月的月指定量，且：

（ⅰ）若指定的某一个交气点的月指定量大于或等于该交气点的同意预测月指定量的百分之九十（90%）且小于或等于百分之一百一十（110%），则接收站公司有义务同意该指定的月指定量作为月提取量；

（ⅱ）若指定的某一个交气点的月指定量小于该交气点的同意预测月指定量的百分之九十（90%）或大于百分之一百一十（110%），则接收站公司应尽合理努力同意该指定的月指定量作为月提取量。

（b）该合同月内所有合同周的预测周指定量。

3.2　接收站公司应不迟于在每个合同月开始前7天批准接收站使用方每一个交气点在该合同月的月提取量和同意预测周提取量。在批准月提取量和同意预测周提取量时，接收站公司应尽合理努力满足接收站使用方的指定量。

4　周提取量的确定

4.1　接收站使用方应不迟于在每个供气周开始前48小时向接收站公司指定所有交气点的：

（a）该供气周的周指定量，且：

（i）若指定的某一个交气点的周指定量大于或等于该交气点的同意预测周指定量的百分之九十（90%）且小于或等于百分之一百一十（110%），则接收站公司有义务同意该指定的周指定量作为周提取量。

（ii）若指定的某一个交气点的周指定量小于该交气点的同意预测周指定量的百分之九十（90%）或大于百分之一百一十（110%），则接收站公司应尽合理努力同意该指定的周指定量作为周提取量；及

（b）该供气周内所有供气日的预测日指定量。

4.2　接收站公司应不迟于在某个供气周开始前36小时批准接收站使用方的每一个交气点在该供气周的周提取量和同意预测日提取量。在批准周提取量和同意预测日提取量时，接收站公司应尽合理努力满足接收站使用方的指定量。

5　日指定量和日提取量的确定

5.1　接收站使用方应不迟于在每个供气日开始前12小时向接收站公司指定该供气日所有交气点的日指定量，且：

（a）若指定的某一个交气点的日指定量未超过该交气点的同意预测日指定量的130%且不超过该下游用户的最大日提气量，则接收站公司应同意指定的日指定量为日提取量；及

（b）若指定的某一个交气点的日指定量超过该交气点的同意预测日指定量的130%或超过该下游用户的最大日提气量，则接收站公司应尽合理努力同意已指定的日指定量为日提取量。

5.2　接收站公司应不迟于在每个供气日开始前8小时向接收站使用方确认日提取量，该等确认不得不合理延迟或拒绝。

6　计划变更

若接收站使用方希望修改任何交气点的同意预测月指定量、同意预测周指定量和/或同意预测日指定量，接收站公司应尽合理努力配合进行相应的修改。

7　未指定

7.1　若接收站使用方未及时指定某一合同年的某一个交气点的年指定量，则该用户的年指定量应为零。

7.2　若接收站使用方未及时指定某一合同年的某一个交气点的任何预测月指定量，则年提取量除以该合同年内的合同月数的结果应视为该合同年的预测月指定量。

7.3　若接收站使用方未及时就某一合同月的某一个交气点的月指定量作出指定，则该交气点在该合同月的同意预测月指定量应视为其月指定量。

7.4　若接收站使用方未及时就某一合同月的某一个交气点的预测周指定量作出指定，则就该合同月的月指定量除以该合同月内的供气日天数再乘以该供气周内的供气日天数的结果应视为该交气点在该合同月的预测周指定量。

7.5　若接收站使用方未及时就某一个交气点在某一供气周的周指定量作出指定，则该交气点在该供气周的同意预测周指定量应视为其周指定量。

7.6　若接收站使用方未及时就某一个交气点在某一供气周内的任何预测日指定量作出指定，则该供气周的周指定量除以该供气周内的供气日天数的结果应视为该交气点在该供气周的预测日指定量。

7.7　若接收站使用方未及时就某一个交气点在某一供气日的日指定量作出指定，则该交气点在该供气日的同意预测日指定量应视为其日指定量。

《储气库使用合同》

第十条　计划与指定

计划

双方同意，按照附件一约定的分月注采计划使用和提供储气库服务。

日指定

日指定提交规则

（1）双方以本合同附件一中约定的日计划注采量和注采方向作为原日指定。托运方未在本合同约定的日指定周期内提交更改的，承运方有权以托运方原日指定作为托运方最终日指定。

（2）经双方协商一致，可变更原日指定。

（3）托运方提交的所有日指定，只有在承运方确认后才可被认为有效。

（4）所有日指定信息均应符合双方约定的格式规定与要求。托运方提交的日最大注气量不得超过本合同约定的日最大注气量。

托运方提交的日最大采气量不得超过本合同约定的日最大采气量，且总提气量不得超过托运方在承运方储气库中储存的天然气量。托运方在当日15：00前提交次日日指定，承运方在当日18：00前进行确认和发布，托运方未在承运方规定的日指定周期内提交日指定的，承运方按前一日日指定执行。

托运方在当日18：00前提交当日日指定变更，承运方在当日19：00前确认和发布。一般情况下每日只允许进行一次变更，如遇特殊情况需要进行一次以上变更，则由双方协商确定。

双方应尽合理努力，按照本合同约定的注采速率均匀注采气。

对于计划修改和调整的注采能力，按以下规则进行分配：当注采能力不足时，日指定按照签约日计划注采能力占总注采能力的比例进行缩减；当注采能力富余时，按照日指定先到先得原则分配富余能力。

《天然气管网设施运行调度与应急保供管理办法（试行）》

第十三条 管网运营企业应当根据与托运商签署的服务合同约定，制定输气计划。托运商应当根据合同约定，按时提交明确上下载点的年度、月度输气计划以及日指定计划。管网运营企业、托运商、供气方及用户任何一方无法执行输气计划时，应当及时通知相关各方。管网运营企业可结合服务合同约定和管网运行情况，与托运商协商一致后调整输气计划。

第十四条 管网运营企业应当组织托运商制定日指定计划。管网运营企业对托运商提出的符合合同约定的日指定计划，应当接受并执行。托运商日指定与月计划存在偏差、托运商变更日指定计划，须经管网运营企业同意。若托运商未按照合同约定的时间提交日指定计划，或提交的日指定计划不符合合同约定且未被管网运营企业接受，管网运营企业有权以托运商最新提交的最短周期（年、月）输气计划的日均值作为托运商的日指定计划。

管网运营企业、托运商、用户等相关方应当按照日指定量严格控制实际的上下载气量。对托运商不按日指定量上下载天然气的，管网运营企业可采取措施予以限制。

第三章

天然气管网运营合同接收机制

接收机制是指托运商向管网运营企业交付天然气/LNG，管网运营企业接收托运商的天然气/LNG 的过程，此系双方实际履行合同的开端。一般的运输、服务合同接收机制较为简单，即便未严格按照合同约定的时间、地点、方式和具体要求执行，也不至于造成严重后果。但如果把这种思维带到天然气管网运营合同中，则危害极大。天然气管网运营合同的接收机制较为复杂，且极其精密，任何一环的异常都可能给管网运营带来不利影响，并发生现实损失；损失的额度甚至可能超过货物价值。

天然气管网运营合同接收机制见图 3-1。

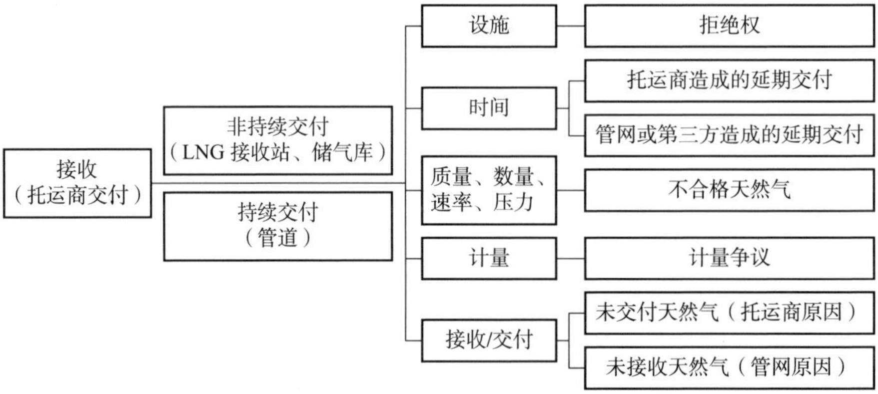

图 3-1　天然气管网运营合同接收机制

（1）LNG 接收站使用合同和储气库使用合同同为非持续交付，共同点较多。

（2）根据合同运行条件的不同，部分合同可能不涉及某些机制。

（3）接收机制所执行的，应当是双方根据合同所确定的、最终的、有效的接收计划。接收异常所违反的，也是双方根据合同所确定的、最终的、有效的接收计划。

（4）LNG 接收站使用合同，因其运营方式，还可能涉及一些特殊机制，如航程报告、泊位指定和更换、卸载时间等。

（5）基于管网运营企业“X+1+X”的运营模式，托运商交付异常直接影响管网运营企业，间接影响其他托运商的交付和接收。

第一节　交付/接收设施

天然气交付/接收过程中，关于设施需要重点考虑两个因素：一是安全因素；二是设施匹配因素。关于安全因素，由于天然气/LNG 本身存在高度危险，双方有必要确认自身和对方的设施符合安全作业的条件。关于设施匹配因素，双方设施必须匹配才能完成交付，如不匹配，可能造成无法接收。实践中主要是 LNG 船与 LNG 接收站之间应当相互匹配，也不排除特定情况下，罐车或槽车与接收设施之间的匹配。

从原理上讲，双方均有权检查对方设施，但一般情况下，主要是 LNG 接收站使用合同双方相互检查，储气库使用合同的托运商对储气库进行检查，管网运营企业对托运商的槽车或罐车进行检查等。

基于管网设施的专业性，托运商对管网设施提出异议的情形极少。但管网运营企业对托运商不符合安全要求、不匹配的设施，提出异议或拒绝的可能性客观存在，特别是 LNG 船、罐车或槽车。

图 3-2 为较为复杂的 LNG 接收站使用合同。

提示与建议

（1）✧：应当注意将 LNG 接收站使用合同中关于对 LNG 船的要求和检查程序，转化到 LNG 船运输合同中。

（2）✧：托运商尽早将 LNG 船的信息提供给管网运营企业审批，以免出现设施不匹配。

（3）✦：应当注意双方应当尽早确定政府批准文件的范围，或者把范围限定到行政许可，以免双方就批准文件的理解发生争议。

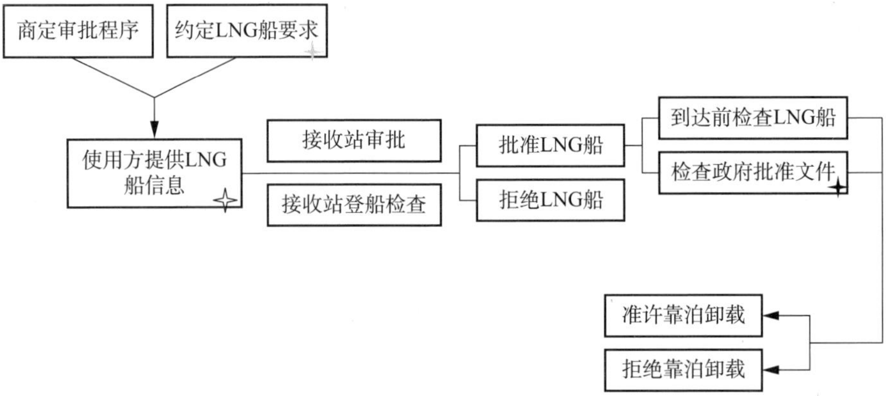

图 3-2　较为复杂的 LNG 接收站使用合同

（4）托运商使用罐车、槽车交付天然气的，建议参照上述提示与建议。必要时，设立提前报备、提前审批机制，防范因不能交付天然气而造成异常状况。

与本节相关的合同条款示例

《天然气管道运输服务合同》

9　接入点和交付点

9.1　本合同项下接入点位于目前甲方或甲方指定单位实际向乙方天然气管道设施注入天然气的站场，本合同项下交付点位于目前乙方实际从乙方天然气管道设施下载并向甲方或甲方指定单位交付天然气的站场。

9.2　甲方在接入点向乙方交付天然气的压力应满足管道设计文件中对压力的要求，并且能够实现按本合同输送天然气的目的；乙方在交付点向甲方交付天然气的压力应当满足甲方或甲方指定单位管道设计文件中对压力的要求，并且能够实现按本合同输送天然气的目的。

《液化天然气接收站使用合同》

第 7 条　LNG 接收站设施与 LNG 船适配

7.1　LNG 接收站设施与 LNG 船的适配

接收站使用方应确保其每一艘 LNG 船均完全符合接收站要求并完全与 LNG 接收站设施匹配，且所有政府机构均同意其在 LNG 接收站设施停泊，对此接收站公司不承担任何费用；如果一艘 LNG 船与 LNG 接收站设施不匹配、不符合第 8 条的规定或任何政府机构不同意其停泊，则在接收站使用方对这艘 LNG 船进行改造以使其达到上述各项要求前不应使用这艘 LNG 船，接收站公司有权拒绝该 LNG 船的停泊及卸载，且无须承担任何责任。

7.2　对 LNG 接收站设施的检查

自起始日起，在事先向接收站公司发出通知并获得接收站公司的书面同意后，接收站使用方或 LNG 供应商可指定合理数目的代表对 LNG 接收站设施的运行情况进行检查，这样的检查应于工作日进行。接收站使用方应承担该等检查所涉及的风险或可能发生的费用。接收站使用方指定的代表在进行该等检查时不应干扰或妨碍 LNG 接收站设施安全有效运行。接收站使用方对 LNG 接收站设施进行检查的权利仅限于核查接收站公司是否遵守了其在本合同项下承担的义务。接收站使用方在本合同项下对 LNG 接收站设施进行的任何检查（或未进行该等检查）或接收站使用方或其代表因该等检查而向接收站公司提出的任何要求或发表的任何意见（ⅰ）均不应变更或修改接收站公司在本合同项下承担的义务或作出的陈述、保证或承诺；（ⅱ）也不意味着接收站使用方认可接收站公司在本合同项下的表现或不再要求接收站公司履行其在本合同项下承担的义务。

第 8 条　运输与卸货

8.1　LNG 船

8.1.4　对 LNG 船的要求

每一艘接收站使用方的 LNG 船均应符合下列各项条件：

（a）符合接收站要求并与 LNG 接收站设施匹配，除非接收站公司另行书面同意。

（b）是根据一切适用的国际 LNG 船标准建造并持有能证明其符合该等标准的一切有效文件。

（c）在任何时候都应在美国船级社（American Bureau of Shipping）、劳埃

德船级社（Lloyd's Register for Shipping）、挪威船级社（Det Norske Veritas）、日本船级社、中国船级社或双方一致认可的其他任何船级社保持船级。

（d）其设计、装备和人员配备应能使其在 LNG 交付点的 LNG 压力为零点四（0.5）兆帕时以约等于或大于每小时一万（12000）立方米的速度（在不超过审慎的操作条件的情况下）安全可靠地卸载 LNG。

（e）其人员配备、操作和修理均应采用安全的方法，并按照一个信誉良好的称职经营者的标准使其处于良好的工作状态，船舶管理人在过去两年中根据石油公司国际海事论坛（OCIMF）公布的“油轮管理与自评指南”进行的一次自评结果说明船舶达到了上述要求，并经独立机构核实；船舶的经营者和全体船员均应具有适当的资格并接受过操作 LNG 船的培训，参与船舶靠离泊及货物装卸作业的船员均应能用英语交流。

（f）其建造应符合船旗国及其将经过的任何国家的适用法规以及适用于港口和 LNG 接收站设施的要求，包括但不限于环境保护要求以及有关适航性、污染、设计、安全、航行、操作及类似的技术和操作事项的要求，其操作和维护也应时时符合上述一切要求。

（g）具有并维持符合一切有关的国际 LNG 船标准的规格和特点。

（h）其维护和操作应符合一切国际 LNG 船标准，且其维护和操作的方式应能使 LNG 供应商履行其在液化天然气供应合同项下的义务。

（ⅰ）已经获得并符合其将进入或经过的任何国家和中国的领水并在其中航行、靠岸卸载货物、驶离 LNG 接收站设施、港口及上述领水所需的一切批准。

（j）具有（ⅰ）石油公司国际海事论坛（OCIMF）在最近六个月内为其签发的一份最新的“船舶检验报告”，其中没有记载船舶的重大缺陷；（ⅱ）向有关机构提交的一份港口状态控制记录，其中没有报告存在尚未处理的缺陷；以及（ⅲ）一份事故报告，其中没有报告任何尚未进行充分调查并采取相应行动的重大事故。

8.2 LNG 船的检查、批准和拒绝权

8.2.1 LNG 船的指定、检查和审查

（a）双方应尽合理努力在起始日前商定审批程序，并尽早为合理数量的 LNG 船办理审批程序。

（b）接收站使用方应在下列规定时间向接收站公司指定其拟用于将 LNG 交付至 LNG 接收站设施的 LNG 船：

（ⅰ）对于接收站公司在到达窗口前12个月内已根据审批程序接收的LNG船或接收站公司已根据审批程序确认匹配的LNG船，最晚在到达窗口前四十五（45）天；或

（ⅱ）对于其他一切LNG船来说，在不迟于（最新的滚动接收计划中预定的）到达窗口发生的那个合同月开始前六十（60）天。

双方同意，如果接收站使用方要求在上述规定的期限后指定LNG船，则接收站公司将尽合理努力满足接收站使用方的该等要求。

（c）根据（b）款作出的指定应包括下列内容：

（ⅰ）LNG船的名称以及有关该船的尺寸、规格、经营者和船主的较详细的信息；

（ⅱ）装载港；

（ⅲ）LNG船预计从装载港启程的日期；

（ⅳ）预计到达LNG接收站设施的日期；

（ⅴ）将交付的LNG的估计数量；

（ⅵ）已填写的船/岸兼容表；

（ⅶ）如果此前尚未确认LNG船与LNG接收站设施匹配，则应提供接收站使用方或承运人为了评估LNG船与LNG接收站设施的匹配性而进行的系泊力分析（OPTIMOOR）结果；

（ⅷ）确认LNG船符合第8.1.4（j）条规定的确认书；

（ⅸ）已购买第12.2.6条中提及的保险的证明；

（ⅹ）最新的船舶参数问卷表；以及

（ⅺ）接收站公司为了完成审批程序合理要求的其他信息。

（d）办理审批程序的过程中，接收站公司及其指定的代表可随时检查接收站使用方拟使用的任何一艘LNG船。接收站使用方应尽合理努力使承运人允许接收站公司及其指定的代表能为了进行检查而进入每一艘LNG船。如果接收站公司未能进入某一艘LNG船，则接收站公司有权拒绝检批该船。接收站公司进行的检查不应对LNG船的运作或计划安排产生重大的妨碍。

（e）接收站公司在收到接收站使用方根据上述（b）款发出的通知以及（c）款中规定的一切信息后将尽早［不迟于其后十（10）个工作日］完成指定船舶的审批程序，并立即将审批程序的结果通知接收站使用方。在LNG船靠泊前，接收站公司有权通知接收站使用方对其指定的LNG船进行登船检查，LNG船应积极配合该等检查；如LNG船不符合接收站公司的

要求，则接收站公司有权拒绝该LNG船停泊和卸载，且无须承担任何责任。

（f）作为审批程序的一部分，接收站公司有权不时检查接收站使用方的船舶管理程序。如果接收站公司要进行该等检查，则应提前适当时间通知接收站使用方，接收站使用方无正当理由不得拒绝该等检查。

（g）如果接收站公司有合理理由认为根据审批程序一艘LNG船将不会再获得批准或因其他原因不符合本合同的规定，则接收站公司可撤销以前对该LNG船的批准。

（h）如果接收站公司根据本合同的规定未批准一艘LNG船或撤销了对一艘LNG船的批准，则接收站公司将没有责任为接收站使用方或其他任何人承担由此直接或间接产生的任何费用。接收站公司批准或不批准接收站使用方拟使用的一艘LNG船（包括接收站公司以前已经批准的任何LNG船）不应减轻接收站使用方、承运人、船长或其他任何人就该船及其运作应对接收站公司承担的责任，也不应增加接收站公司就该船及其运作应对接收站使用方或其他任何人承担的义务或责任。

第二节　接收时间

基于天然气管道运输服务合同持续交付和管网平衡的特殊要求，一旦托运商在交付时间上出现异常，则直接转入管网不平衡的处理机制，后续篇章将对此进行介绍，此处不再赘述。

储气库使用合同和LNG接收站使用合同，由于是非持续性交付，各托运商需要按照管网运营企业发布的接收计划，按照次序/比例进行交付。因此这两类合同对接收时间有着较为严格的要求，一旦发生延期交付，则可能影响其他托运商交付（见图3-3）。

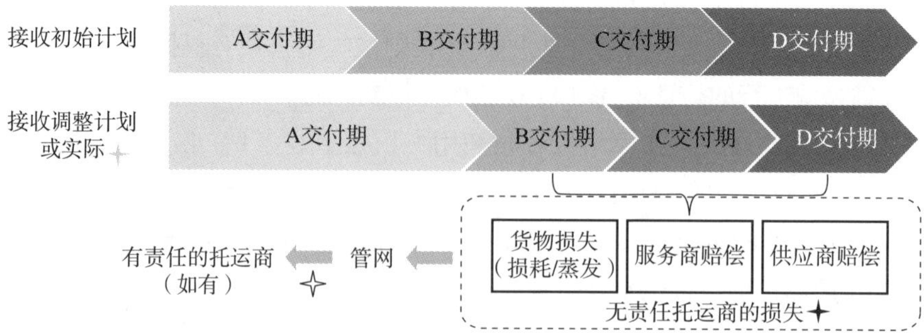

图3-3　储气库使用合同和LNG接收站使用合同接收计划

提示与建议

（1）✦：无责任托运商交付时间受到影响，可能发生在调整计划阶段，也可能发生在实际交付阶段。

（2）✦：托运商应当有足够证据证明相关损失。

（3）✧：托运商主张权利应当严格按照合同规定的程序。

LNG 接收站使用合同对交付时间的要求较为复杂和特殊，下面单独予以图解（见图 3-4）。

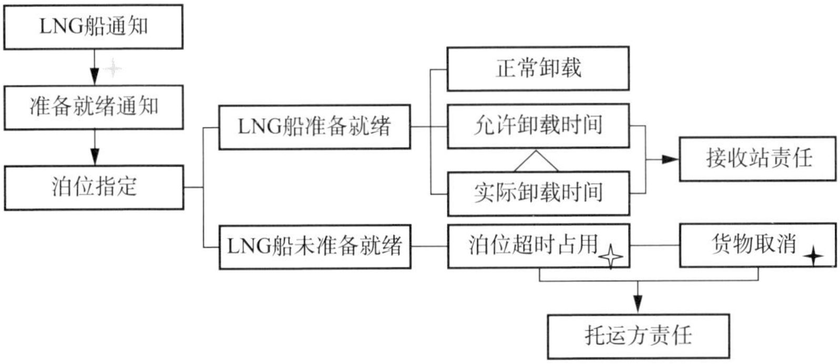

图 3-4　LNG 接收站使用合同接收计划

提示与建议

（1）✦：应当注意将 LNG 接收站使用合同中关于船方通知和准备就绪通知的要求，纳入 LNG 船运输服务合同中。

（2）✧：超时占用需要支付管网运营企业补偿/赔偿。

（3）✦：货物取消可能造成严重损失。

我们建议托运商对接收时间机制保持高度敏感，实际上国家管网集团正式运营仅一个月，广西北海 LNG 接收站即发生了影响接收时间的事件（见图 3-5）。事故的发生对接收站运营必然产生影响（见图 3-6），受影响各方如何处置尚不得而知。

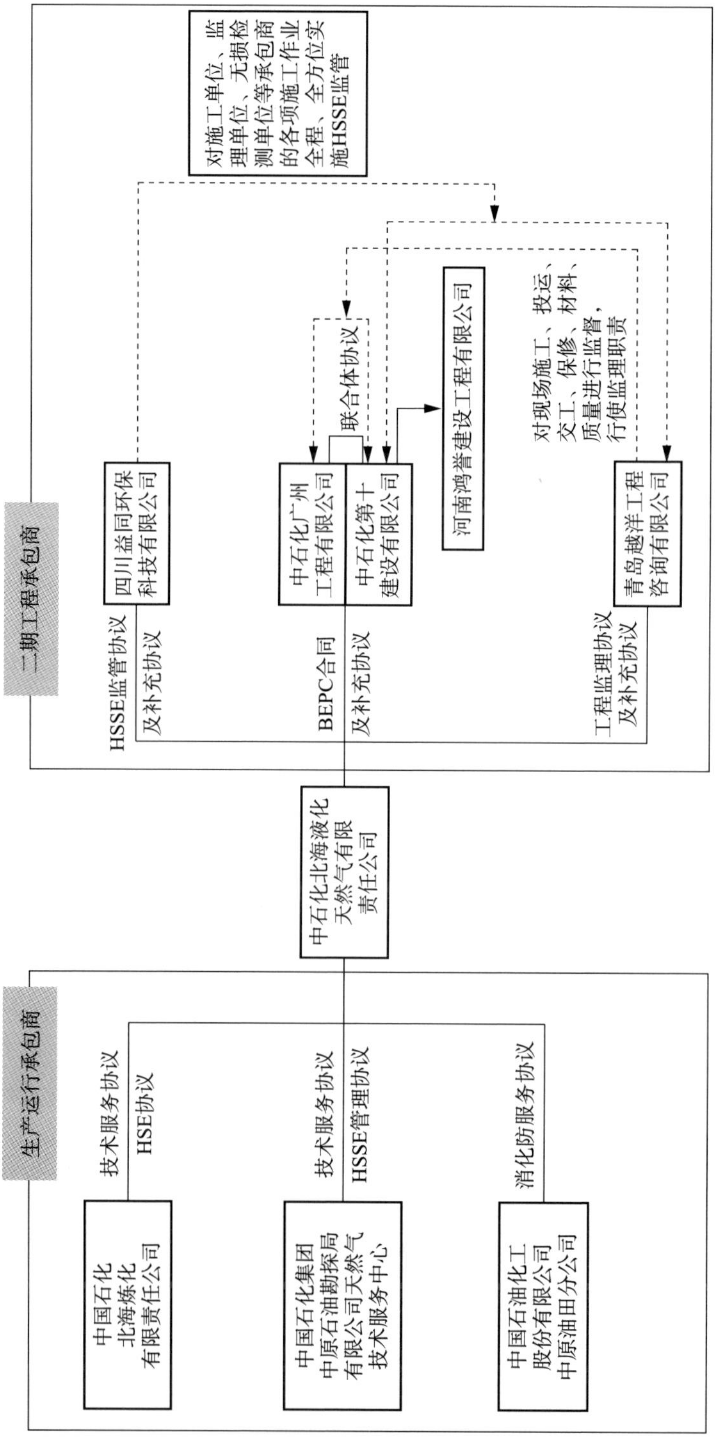

图3–5 广西北海 LNG 公司合同关系

图 3-6　苏伊士运河被堵

与本节相关的合同条款示例

《液化天然气接收站使用合同》

8.4　LNG 船通知

对于本合同项下交付的每一船 LNG，接收站使用方应用书面函件或电子邮件向接收站公司发出下列通知或敦促船长发出下列通知：（略）

8.5　准备就绪通知

8.5.1　发通知

接收站使用方的 LNG 船到达港口的引航员登轮点或常规锚地时，LNG 船船长或其代理应通知接收站公司，该 LNG 船已准备好靠泊和卸载 LNG（下称"准备就绪通知"）。

8.6　泊位的指定

8.6.1　一般规则

在遵守第 8.6 条其他规定的前提下，在准备就绪通知发出后接收站公司应尽合理努力促使接收站使用方的LNG船安全、迅速地停泊在接收站公司指定的泊位上，并与这艘LNG船配合，协助其停泊。如果接收站使用方的LNG船到达时因任何原因未做好卸载的准备，则接收站公司可拒绝其停泊。

8.6.2 停泊顺序

接收站公司有权决定每一艘LNG船的停泊顺序，以使其顺序能符合LNG接收站设施的总体卸载安排，并在收到准备就绪通知后尽早将每一艘LNG船的停泊顺序通知其船长。

8.6.3 其他晚到的船舶

在遵守第8.6.2条规定的前提下，如果某一艘接收站使用方的LNG船在其到达窗口结束四十八（48）小时后有效发出了准备就绪通知，则接收站公司将尽合理努力让该LNG船停泊，以使其能卸载货物，条件是该LNG船的卸载不会严重影响接收站公司让其他接收站使用方的LNG船在其到达窗口内停泊并卸载的能力，否则接收站公司有权拒绝该晚到的LNG船停泊及卸载。

8.7 卸载时间

8.7.1 允许的卸载时间

任一艘接收站使用方的LNG船允许的卸载时间（下称“允许的卸载时间”）为四十八（48）小时，但可以在下列情况下延长：

（a）非因接收站公司原因造成的延长；

（b）不利天气条件；

（c）不可抗力；

（d）潮汐条件限制；

（e）夜间通行限制；

（f）第8.9条和第8.10条中所述的情况。

为避免疑义，接收站公司有权因上述（a）款至（e）款所述的任何原因推迟任一接收站使用方的LNG船的停泊。

8.7.2 实际卸载时间

任一艘接收站使用方的LNG船的实际卸载时间（下称“实际卸载时间”）将从下列较早的一个时间开始计算：（ⅰ）如LNG船在到达窗口到达该卸货港的引航站或常规锚地，发出准备就绪通知书后十二

（12）小时；（ⅱ）如 LNG 船在到达窗口前到达该卸货港的引航站或常规锚地，则为到达窗口当地时间 12：00 与 LNG 船在泊位“全部系妥”的时间中的较早者；或（ⅲ）如 LNG 船在到达窗口之后到达卸货港的引航站或常规锚地，则从 LNG 船在泊位“全部系妥”开始。实际卸载时间应持续至该 LNG 船的液相卸料臂与 LNG 接收站设施的液相卸料臂断开时。

8.7.3　滞期

（a）如果实际卸载时间超过允许的卸载时间（包括根据第 8.7.1 条所做的任何延长），则接收站公司应向接收站使用方支付一笔滞期费（下称“滞期费”）作为约定补偿金。该滞期费为：

（ⅰ）实际卸载时间超过允许的卸载时间的小时数（包括小数部分）乘以（ⅱ）接收站使用方为因滞期的接收站使用方的 LNG 船而实际支付给 LNG 供应商的滞期费率或 LNG 船的实际租金（转换成人民币/小时）。接收站使用方应在提交给接收站公司制订年度计划的文件中标明每一艘接收站使用方的 LNG 船的滞期费率；如果在提交给接收站公司制订年度计划的文件中未标明 LNG 船，则接收站使用方应在指定 LNG 船时标明。

（b）接收站使用方应在有关的滞期发生之日后的三十（30）日内向接收站公司开具滞期费的收款通知书。该收款通知书应根据第 11 条的规定付款。接收站使用方应在收取滞期费时向接收站公司提供滞期费率或 LNG 船的实际租金的证明材料。如果接收站使用方未能及时为滞期费开具有充分文件支持的收款通知书，则接收站公司将没有义务支付该滞期费。

8.8　接收站卸载

接收站公司将作为合理审慎的作业者与承运人（或其代理人）及每一艘接收站使用方的 LNG 船的船长配合，以使本合同项下的 LNG 能不间断和有效率地交付。

8.9　更换泊位

接收站公司有权作为合理审慎的作业者因任何原因指示任一艘接收站使用方的 LNG 船更换或离开泊位。如果因非接收站公司的原因接收站公司决定让接收站使用方的 LNG 船更换或离开泊位，则接收站使用方将负责支付因此而发生的任何费用，且因为该更换而损失的卸载时间将会相应增加允许的卸载时间。

8.10 未做好卸载准备的LNG船及停泊超时

8.10.1 未做好卸载准备的LNG船

如果原来认为已做好卸载准备的接收站使用方的LNG船在停泊以后被认定为未做好准备，不论当时是否有其他LNG船在等待停泊，接收站公司可指示该船的船长离开泊位驶向锚地。当上述停泊在锚地的接收站使用方的LNG船做好卸载准备时，接收站使用方应敦促该船的船长通知接收站公司。接收站使用方应负责支付接收站公司因该等LNG船未做好卸载准备而发生的任何实际费用，因此而延迟的卸载时间应相应增加允许的卸载时间。

8.10.2 泊位超时占用

（a）接收站使用方的LNG船应尽快完成卸载驶离泊位［最晚应不迟于在泊位停稳后三十六（36）小时］，因下列原因可延长：

（ⅰ）可归咎于接收站公司的原因；

（ⅱ）不利天气条件；

（ⅲ）潮汐条件限制；

（ⅳ）归因于引航员或政府机构的原因；

（ⅴ）不可抗力；以及

（ⅵ）夜间通行限制。

（b）如果任何接收站使用方的LNG船未能在根据上述（a）款确定的允许的停泊时间结束时或完成卸载后驶离泊位，接收站公司可指示该LNG船驶离泊位并以最快的速度驶向海上。接收站使用方应负责支付因该船的上述调动及其后的重新停泊而发生的任何费用，因此而延迟的卸载时间应相应增加允许的卸载时间。

（c）如果任何接收站使用方的LNG船未能根据第8.10条的规定驶离泊位，则接收站使用方应补偿接收站公司因此而受到的合理的损失，包括但不限于因其他接收站使用方的LNG船滞期、损失的时间、超额蒸发而需支付的款项以及接收站公司因此额外发生的任何成本。

（d）如果任何接收站使用方的LNG船未能根据第8.10条的规定驶离泊位，且接收站使用方未采取行动使其驶离泊位，则接收站公司可令其驶离泊位，且所产生的任何费用由接收站使用方承担。

（e）接收站公司应尽合理努力满足接收站使用方延长其LNG船卸载时间或因其他原因需继续停在泊位上的合理要求，条件是接收站使用方应根据第8.10.2（c）条的规定向接收站公司支付补偿款。

8.11　货物的取消

如果因非接收站公司原因致使实际卸载时间超过允许的卸载时间的三十六（36）小时，且LNG供应商根据液化天然气供应合同行使取消其余货物交付的权利，则接收站使用方可在不影响其其他权利或救济措施（如果有）的情况下自行决定要求终止在LNG接收站设施的卸载并使该LNG船驶离泊位，同时需向接收站公司支付由此产生的合理的费用。

《储气库使用合同》

第二条　合同期限

合同期限

本合同自双方授权代表在合同上签字并加盖公司印章后开始生效，并持续有效直至【】年【】月【】日。本合同项下储气库服务期间起始日为【】年【】月【】日，终止日为【】年【】月【】日。其间，

【】年【】月【】日至【】年【】月【】日为注气期，

【】年【】月【】日至【】年【】月【】日为采气期。

（若为多年合同，需注明各年注气期和采气期，或按如下方式注明：

当年【】月【】日至当年【】月【】日为注气期，

当年【】月【】日至下一年【】月【】日为采气期。）

经双方协商一致，可变更注采期以及注采计划，并签署补充合同。

第三节　质量、数量、速率、压力

管网运行合同对接收/交付天然气的质量、数量、速率、压力均有要求。在现有技术条件下，数量、速率、压力双方均能良好控制，出现异常

并造成损失的概率极低，因此本书对相关技术管控机制不再讨论。质量方面，尽管天然气生产、净化、输送等各个环节都有质量检测，但不合格天然气依然存在。由于管网设施气体混合的特点，质量问题一经发生，影响和损失可能快速蔓延，轻则影响产品质量，重则引发安全事故，甚至造成社会重大安全事件。

我们以图 3-7 为例，着重介绍接收机制下的不合格天然气机制。需要说明的是，该流程在管网运营企业向托运商交付发生质量问题时同样适用。

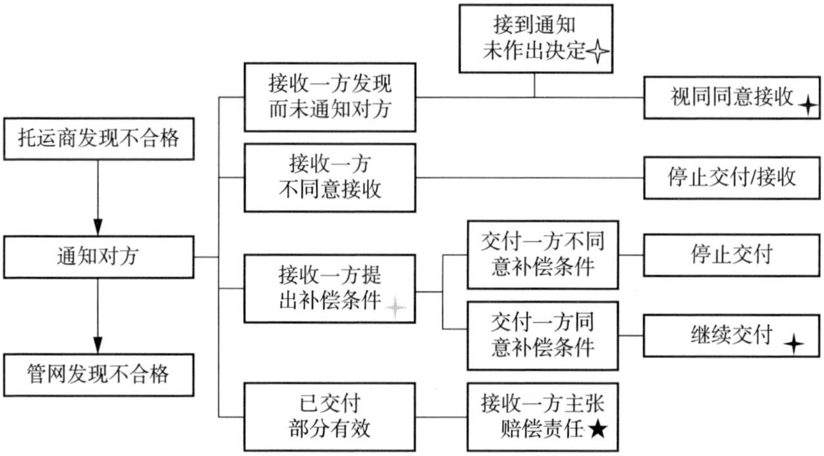

图 3-7 接收机制下的不合格天然气机制

提示与建议

（1）✦：由于一般情况下要求补偿条件是唯一的，不会再发生其他补偿。接收一方的补偿条件应当精确计算，足以覆盖自身的损失和可能支付第三方的损失，避免事后自行承担损失。

（2）✧：通知的方式、合理的回复期限，应当在合同中予以明确。管网运营企业或托运商内部信息流转和应急决策程序，应当与合理的回复期限相匹配。

（3）✦：继续接收或交付天然气之后，应当不妨碍另行要求停止接收或交付天然气；除非补偿条件中明确取消了此等权利。

（4）★：主张赔偿应当：①符合合同约定的情形；②符合合同约定的

程序；③提供证明损失发生的证据。

与本节相关的合同条款示例

《天然气管道运输服务合同》

8 气体质量管理

8.1 双方约定，甲方在接入点将天然气交付给乙方、乙方在交付点交付给甲方的天然气符合国家标准《天然气》（GB 17820—2018）中所规定的一类天然气标准。

8.2 一旦获悉有不合格的天然气正在或可能在接入点、交付点交付，甲方有义务立即通知乙方，乙方亦有义务立即通知甲方。乙方在接入点、甲方在交付点可自行决定是否接收此天然气。一方如在获悉不合格天然气时未将其选择通知另一方，则视为同意接收不合格天然气。

8.3 如乙方因接收甲方的不合格天然气对乙方或其他托运商造成了损害，则甲方应承担相应的赔偿责任。如甲方因接收由于乙方或其他托运商原因导致的不合格天然气对甲方造成了损害，则乙方应承担相应的赔偿责任。

8.4 双方可协商在交付不合格天然气一方对接收方给予补偿的条件下，接收方同意接收不合格天然气。具体补偿方式由双方另行协商确定。

《液化天然气接收站使用合同》

9.5 不合格 LNG

9.5.1 如果接收站公司有合理理由相信接收任何一船不符合 LNG 规格的 LNG（下称“不合格 LNG”）有可能给 LNG 接收站设施造成损害或操作困难或使再气化 LNG 不符合本合同约定的天然气规格或 LNG 规格，则在不影响接收站公司在本合同项下享有的其他权利和可采取的其他救济措施的情况下，接收站公司可根据第 9.5 条的规定拒收该船货物的全部或部分，且不用承担任何费用或责任。

9.5.2 对于任何不合格 LNG：

（a）接收站使用方一旦获悉计划交付的任何一船货物中包含或将包含不合格 LNG 后应立即通知接收站公司。

（b）在收到上述通知后的四十八（48）小时内，接收站公司有权接收或拒收受影响货物的全部（如果已开始卸载，则为受影响的货物的剩余部分）。

（c）如果接收站公司拒收该等不合格 LNG，接收站使用方将被视为根据第 13.4 条发生了 LNG 未能交付事件。

（d）如果接收站公司决定接收该等不合格 LNG，接收站使用方应承担接收站公司下列因接收不合格 LNG 而发生的一切责任，并赔偿由此可能给接收站公司造成的全部损失，包括：

（ⅰ）接收、处理或处置该等不合格 LNG（对该等不合格 LNG 的接收、处理或处置应根据合理审慎的作业者的标准进行）；以及

（ⅱ）一切第三方索赔，包括下游用户、其他用户的索赔。

9.5.3 非持续的弃权

接收站公司在任何时候接收不合格 LNG 不应妨碍其在将来拒收不合格 LNG。接收站公司在任何时候放弃针对任何 LNG 规格的权利并不意味着接收站公司以后也放弃对不符合任何 LNG 规格追索的权利，不论不合格的情况的性质是相似还是不同。

10.4 不合格天然气

10.4.1 通知

接收站公司一旦获悉在某个交气点正在或可能会交付不合格天然气或存在可能会导致交付不合格天然气的情况后应立即向接收站使用方发出通知。一旦接收站使用方获悉在某个交气点正在或可能会交付不合格天然气或存在可能会导致交付不合格天然气的情况，接收站使用方应立即向接收站公司发出通知。

10.4.2 接收或拒收

（a）如在接到接收站公司发出的通知后，接收站使用方未在两（2）小时内予以回应，则将被视为已同意接收该不合格天然气。

（b）接收站使用方应尽合理努力接收不合格天然气。

10.4.3　补救措施

（a）如果接收站使用方同意接收不合格天然气（接收站使用方需提供相应的鉴定材料证明该等天然气不符合接收站使用方所需要的天然气规格），且该不合格天然气是由接收站公司原因导致的，接收站使用方应同时通知接收站公司接收该等不合格天然气要求的赔偿金额：

（ⅰ）若接收站公司确认同意接收站使用方要求的赔偿金额，该等不合格天然气应被接收站使用方接收；

（ⅱ）若接收站公司不同意接收站使用方要求的赔偿金额，则接收站使用方可拒收该等不合格天然气，则接收站公司将被视为未交付该等不合格天然气，在此种情况下应适用第13.3条的规定，且在根据第9.6条的规定计算接收站使用方库存时该等不合格天然气不应视为已交付。

（b）尽管有上述（a）款的规定：

（ⅰ）如果接收站公司交付至接收站使用方的不合格天然气非因接收站公司原因导致（例如是由接收站使用方在本合同项下交付的不合格LNG引起的），接收站公司就无须向接收站使用方承担第10.4条规定的任何责任；且

（ⅱ）如果任何短缺天然气是由于接收站使用方拒收非因接收站公司原因导致的不合格天然气，则接收站公司无须就该等短缺天然气向接收站使用方承担第13.3条规定的任何责任。

10.4.4　处理权

如果接收站使用方决定拒收非因接收站公司原因导致的任何不合格天然气，接收站公司有权处置该等不合格天然气。

《储气库使用合同》

第七条　气体质量

不合格天然气接收

通知

一旦获悉有不合格的天然气正在或可能在交接点交付，托运方应立即

通知承运方，承运方亦应立即通知托运方。

接收或拒收

托运方一旦获悉有不合格天然气正在或可能在交接点交付给承运方，应立即通知承运方。承运方获悉后可选择接收或拒收该天然气，如承运方未将其选择通知托运方，则视为同意接收不合格天然气。

承运方一旦获悉有不合格天然气正在或可能在交接点交付给托运方，应立即通知托运方。托运方获悉后可选择接收或拒收该天然气，如托运方未将其选择通知承运方，则视为同意接收不合格天然气。

补救

如承运方在知情的情况下同意并接收了托运方在注气交接点交付的由于托运方原因产生的不合格天然气，托运方应给予承运方补偿。

如托运方在知情的情况下同意并接收了承运方在采气交接点交付的由于承运方原因产生的不合格天然气，承运方应给予托运方补偿。

第四节　计量机制

由于托运商向管网运营企业交付的计量规则与管网运营企业向托运商交付的计量规则相同，此处一并予以介绍。

在天然气管网运营合同中，计量规则较为复杂，需要充分结合运营服务内容、交接的方式方法等来确定；不能排除一份合同中，有多种计量规则，甚至不能排除不同的交接点适用不同的交接规则。由于过于复杂，合同正文中一般不规定计量规则，需要双方在合同附件中或另行签订计量协议来确定计量规则。计量规则主要内容详见图 3-8。

提示与建议

（1）：储气库使用合同一般为体积计量，天然气管道运输服务合同和 LNG 接收站使用合同一般为热值计量。同为热值计量或体积计量，前后权益一致，自是公平合理。但在“管道+储气库+管道”服务的情况下，可能出现前后权益不一致，托运商以管道运输方式向储气库交付天然气，需

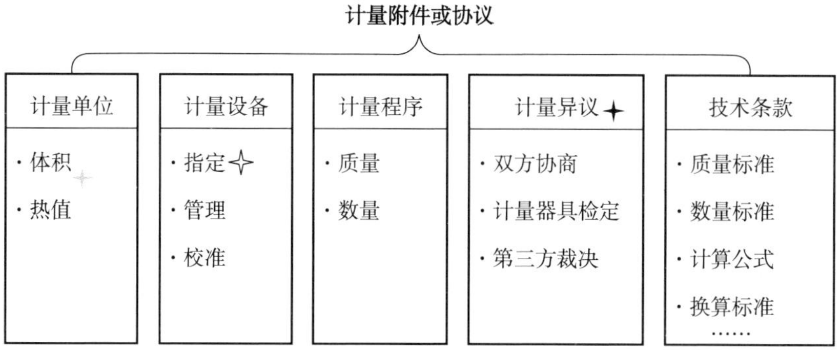

图 3-8　计量规则主要内容

要热值转体积，而储气库以管道运输方式向托运商交付天然气，需要体积转热值。由于储气库中的气体混合，不能排除托运商的天然气从储气库一进一出，此气已非彼气，权益发生变化的情况。因此，如果管网运营企业提供的是“管道+储气库+管道”服务，宜在关联合同中统一计量单位。

（2）✧：天然气管网运营合同中，计量设备一般为管网运营企业的设备；对托运商而言，天然气购销合同的计量设备，可能为供应商或采购商的设备。二者如何保持统一，并保证信息交互畅通，需要托运商统筹安排。

（3）✦：双方可以选择计量异议的处理方式和程序。

与本节相关的合同条款示例

《天然气管道运输服务合同》

10　计量

10.1　本合同下天然气按立方米计量。如果国家法规、政策、标准要求采用热值计量，双方应对计量单位进行调整。

10.2　计量设施的设计、安装、运行和维护应符合国家相关标准要求。

10.3　除非双方另行同意，甲方或甲方指定代表负责对接入点的天然气数量和质量进行测量、取样、检测、分析（“计量操作”），乙方负责对交付点的天然气数量和质量进行计量操作，负责代表甲方与甲方指定的用户开展相关计量交接等事务。负责计量操作一方的计量数据将作为结算依据。

10.4　每日上午8：00，双方应准备记录前一日在接入点和交付点所交付的天然气气量的文件（“日交接计量单”），日交接计量单由双方指定人员共同签字盖章。

10.5　负责计量操作一方应定期将计量数据提供给另一方，该方在收到报告后，如有异议，需在90个工作日内以书面的形式提出，否则将视为默认此计量数据。

10.6　负责计量操作一方应按照国家相关法律和法规要求，保存在接入点、交付点进行的全部天然气计量和检测的文件、记录，并允许另一方在有关文件和记录作出之日后的3个月内合理询问和查阅该等文件和记录。

10.7　双方或双方代表应签订计量交接合同，明确计量交接的各项任务、程序和标准，确保在所有接入点和交付点都有计量设施。

《液化天然气接收站使用合同》

9.4　接收站使用方的LNG的质量

接收站使用方的LNG将根据本合同附件五的规定进行计量和检测。接收站公司将根据该等程序对交付的LNG及回流的蒸发气进行计量和取样。接收站使用方应确保本合同项下在LNG交付点交付的所有LNG均符合下列规格（下称“LNG规格”）：（略）

《液化天然气接收站使用合同》附件五

1.1　CTMS

在LNG交付点卸下的每批货物中的液化天然气体积应由接收站使用方

或其代表采用 LNG 船的输送监测和计量系统（“CTMS”）进行计量。计量装置的使用应遵循液化天然气进口国集团组织（“GIIGNL”）发布的最新版的“液化天然气输送监测”手册为准。接收站使用方应确保 LNG 船装有一台 CTMS 作为其主要计量设备，并且依照公认的行业标准以及下文的第 3、4 款进行操作、维护和校准。接收站使用方在完成卸货后应尽快通知接收站公司已卸下的液化天然气体积。若接收站公司在收到接收站使用方通知后的四（4）天内未发出异议通知，则接收站使用方应在根据第 1.3 款确定交付量时采用以上通知的已卸下液化天然气的体积。

10.5　天然气的计量

接收站公司在本合同项下交付的天然气的数量和质量将根据附件八的规定来确定。

《液化天然气接收站使用合同》附件八

12. 计量争议

若双方就本附件八中的天然气或液化天然气质量或数量的计量发生争议，可将争议提交至双方约定的一家计量机构或获得合法授权的国家质量和技术监督部门予以解决。

《储气库使用合同》

第八条　天然气计量

依照《中华人民共和国计量法》的规定，注气交接点的天然气计量值以托运方指定的天然气计量设施计量值为准，采气交接点的天然气计量值以承运方指定的天然气计量设施计量值为准，交接计量方式遵循管道与储气库计量交接协议约定。

计量规范（略）

计量值

双方交接签字人员应相对稳定并有本合同主体双方出具的委托书，经对方确认各留一份备案。

交付气量按公历日（每日 8：00 至次日 8：00）读值确认。

注采气期间，每日 10：00 前，在交接点由双方进行计量交接单据的确认，包括计量交接量和气质情况，双方签字盖章的相关计量交接凭证和气质分析报告作为交接和结算依据。

在日常计量交接过程中，如一方对计量值或影响计量值的天然气状态、组分等有异议，交接人员应对当日计量值先确认，再由双方共同对存在的异议及分歧作详细备注。对于分歧和异议根据本合同中的有关约定由双方协商解决。

若指定计量装置发生故障，可暂时以双方临时协商确定的计量值为准，待指定计量装置恢复正常后仍以原指定计量装置读值为准。

天然气按体积计量。天然气体积计量的状态标准执行《天然气标准参比条件》（GB/T 19205—2008），温度 20℃（293.15K），绝对压力 101.325kPa（一个标准大气压）。

双方同意按如下计算方式作为能量损失补偿：________。

计量值争议处理

若托运方对计量值有异议，应在收到承运方结算单或发票 90 日内以书面形式向承运方提出，经双方协商解决。若协商不成，双方同意由有资质的计量检定机构对承运方确定的天然气交接计量器具进行检定。若检定认定不合格，检定费用由承运方承担；若检定认定合格，检定费用由托运方承担。计量争议未解决前，托运方应先按承运方计量值结算，不得拒付款项。待争议解决后，再进行调整。

若承运方对计量值有异议，应在收到托运方交付的天然气 90 日内以书面形式向托运方提出，经双方协商解决。若协商不成，双方同意由有资质的计量检定机构对托运方确定的天然气交接计量器具进行检定。若检定认定不合格，检定费用由托运方承担；若检定认定合格，检定费用由承运方承担。计量争议未解决前，承运方应先按托运方计量值结算，待争议解决后，再进行调整。

第五节　未接收/交付天然气

本部分指的是违反计划，托运商未能向管网运营企业交付的天然气，或管网运营企业未能从托运商接收的天然气。主要的情形有：

（1）储气库使用合同中，超过注气期仍未能接收/交付的天然气。

（2）LNG 接收站使用合同中，超过窗口期和延长窗口期后，仍未能接收/交付的天然气。

（3）天然气管道运输服务合同中，违反日供应量约定，最终未能交付的天然气。

（4）天然气管道运输服务合同中，托运商未能提取天然气，导致管网运营企业停止接收的天然气。

未接收/交付天然气的基本规则见图 3-9。

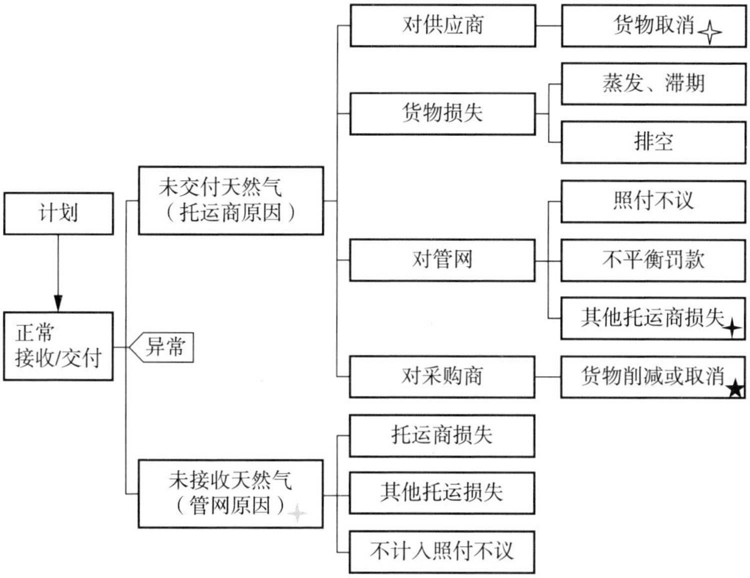

图 3-9　未接收/交付天然气的基本规则

提示与建议

（1）✧：不可抗力、意外事件、第三方责任造成管网运营企业不能接收天然气的，是否属于管网运营企业责任，需要在合同中约定。

（2）✧：托运商对供应商货物取消的，可能需要承担照付不议的责任。

（3）✦：托运商未交付天然气的，可能造成管网运营企业对其他托运商短供，该等责任应当由该托运商承担。

（4）★：托运商未交付天然气的，管网运营企业将削减或取消对其采购商的供气。

因未交付天然气，需要管网运营企业承担的照付不议责任和管道不平衡责任，将在后续篇章中介绍。

与本节相关的合同条款示例

《天然气管道运输服务合同》

7　管网平衡

7.1　甲方应按照合理审慎作业者标准，在向乙方交付的天然气量和自乙方提取的天然气量之间保持管网的平衡。

7.4　当出现管网不平衡时，甲方应尽最大努力配合乙方进行管网平衡调整。当管网不平衡已经或预计将超出乙方可接受的容忍范围，乙方有权要求甲方重新提交日指定，以使管网达到平衡，如果甲方未按照乙方的要求采取行动，乙方可主动调整甲方的接收和交付日指定，并按照调整后的日指定执行并控制。

《液化天然气接收站使用合同》

8.10　未做好卸载准备的 LNG 船及停泊超时

8.10.1　未做好卸载准备的 LNG 船

如果原来认为已做好卸载准备的接收站使用方的 LNG 船在停泊以后被认定为未做好准备，不论当时是否有其他 LNG 船在等待停泊，接收站公司可指示该船的船长离开泊位驶向锚地。当上述停泊在锚地的接收站使用方的 LNG 船做好卸载准备时，接收站使用方应敦促该船的船长通知接收站公司。接收站使用方应负责支付接收站公司因该等 LNG 船未做好卸载准备而发生的任何实际费用，因此而延迟的卸载时间应相应增加允许的卸载时间。

8.10.2　泊位超时占用

（a）接收站使用方的 LNG 船应尽快完成卸载驶离泊位［最晚应不迟于在泊位停稳后三十六（36）小时］，因下列原因可延长：

（ⅰ）可归咎于接收站公司的原因；

（ⅱ）不利天气条件；

（ⅲ）潮汐条件限制；

（ⅳ）归因于引航员或政府机构的原因；

（ⅴ）不可抗力；以及

（ⅵ）夜间通行限制。

（b）如果任何接收站使用方的 LNG 船未能在根据上述（a）款确定的允许的停泊时间结束时或完成卸载后驶离泊位，接收站公司可指示该 LNG 船驶离泊位并以最快的速度驶向海上。接收站使用方应负责支付因该船的上述调动及其后的重新停泊而发生的任何费用，因此而延迟的卸载时间应相应增加允许的卸载时间。

（c）如果任何接收站使用方的 LNG 船未能根据第 8.10 条的规定驶离泊位，则接收站使用方应补偿接收站公司因此而受到的合理的损失，包括但不限于因其他接收站使用方的 LNG 船滞期、损失的时间、超额蒸发而需支付的款项以及接收站公司因此额外发生的任何成本。

（d）如果任何接收站使用方的 LNG 船未能根据第 8.10 条的规定驶离泊位，且接收站使用方未采取行动使其驶离泊位，则接收站公司可令其驶离泊位，且所产生的任何费用由接收站使用方承担。

（e）接收站公司应尽合理努力满足接收站使用方延长其 LNG 船卸载时间或因其他原因需继续停在泊位上的合理要求，条件是接收站使用方应根据第 8.10.2（c）条的规定向接收站公司支付补偿款。

8.11　货物的取消

如果因非接收站公司原因致使实际卸载时间超过允许的卸载时间的三十六（36）小时，且 LNG 供应商根据液化天然气供应合同行使取消其余货物交付的权利，则接收站使用方可在不影响其其他权利或救济措施（如果有）的情况下自行决定要求终止在 LNG 接收站设施的卸载并使该 LNG 船驶离泊位，同时需向接收站公司支付由此产生的合理的费用。

第 10 条　天然气的交付

10.1　一般规定

10.1.1　时间安排与指定

本合同项下交付天然气和 LNG 的所有计划和指定均按照附件七或者附件十的规定进行。

10.1.2　天然气的交付

（a）在遵守本合同其他规定的前提下，（ⅰ）在每一个供气日，接收站公司应在有关的交气点将该供气日的日提取量的天然气或 LNG 交付给接收站使用方，（ⅱ）接收站使用方应确保在相关的交气点提取上述天然气或 LNG。

（b）只要接收站公司在有关交气点准备好交付给接收站使用方在该供气日的日提取量的天然气或 LNG，则不论接收站使用方是否实际提取了该等天然气或 LNG，接收站公司应被视为已完成了第 10.1.2 条的规定义务。

《储气库使用合同》

第五条　交付

双方应依照本合同约定的条款和条件交接天然气：

（1）注气期间，托运方应在交接点向承运方交付天然气，承运方应在交接点接收天然气。

（2）采气期间，承运方应在交接点向托运方交付天然气，托运方应在交接点接收天然气。

第六节　交付保障能力

2020 年 10 月 10—20 日，国家管网集团开展了首批托运商准入，提交有效信息的企业有 958 家。鉴于管网剩余容量有限，958 家合格托运商将有较少一部分能转化为签约托运商。即便是签约托运商，也未必能在全部目标管网设施上获得签约。目前，国家管网集团选择签约供应商的条件和程序尚不明朗；直接选择托运商的考量因素或者招投标选择托运商的评分因素，有哪些具体内容，需要等待国家管网集团发布正式消息。

但我们相信，无论在何种程序中，托运商向国家管网集团或其他管网运营企业的交付保障能力，都将是必不可少且是权重较高的因素。关于交付保障能力的要素，我们根据管网运营的特点做了如图 3-10 所示的筹划。

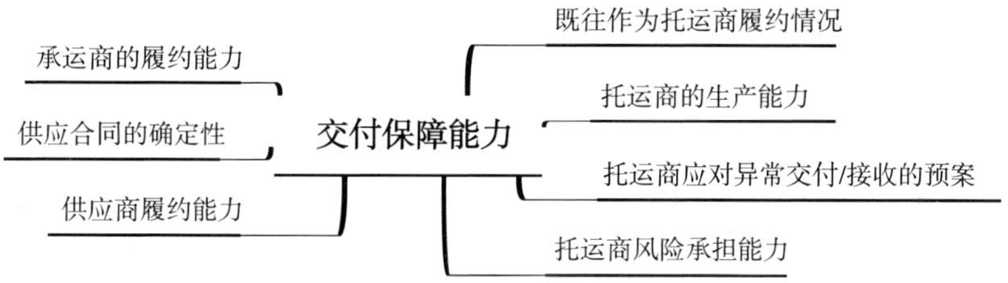

图 3-10　交付保障能力筹划

如果托运商交付能力不足，导致发生未能交付事件，则可能面临如图 3-11 所示的责任。

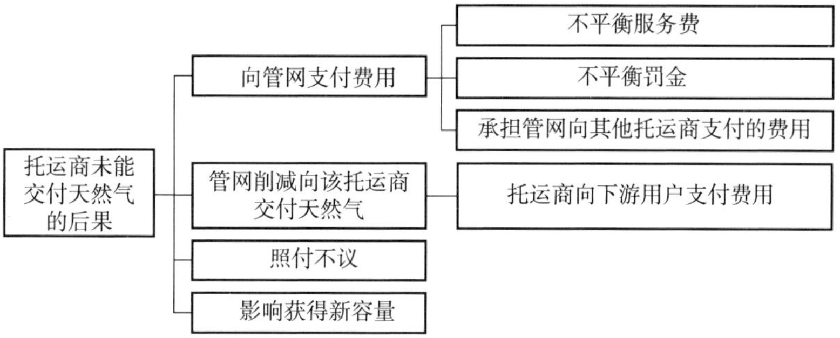

图 3-11　未能交付的责任

第四章 天然气管网运营合同服务机制

管网运营服务机制，是指管网运营企业接收天然气/LNG之后，向托运商交付天然气/LNG之前，提供输送、储存、汽化、装卸、转运等服务的机制。一般的运输或服务合同中，合同大多为双方当事人一对一的关系。但在“X+1+X”运营模式下，管网运营企业所提供的服务，都基于公平开放的出发点。因此建议托运商充分理解管网服务机制的出发点及各项内容，以正确理解和使用天然气管网运营合同。

天然气管网运营合同服务机制见图4-1。

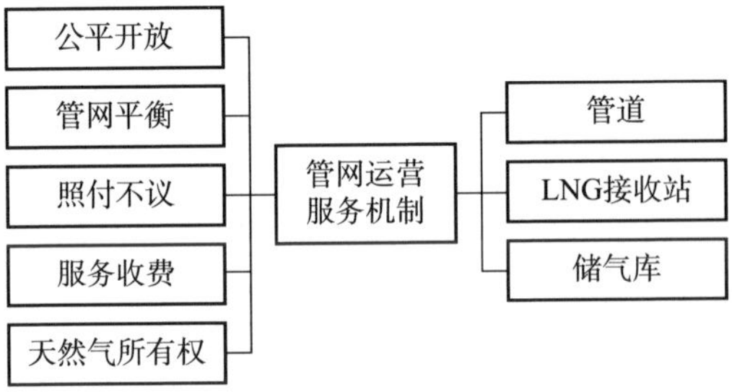

图4-1 天然气管网运营合同服务机制

图4-1右侧是管网服务的领域，目前主要是管道服务、LNG接收站服务和储气库服务。根据天然气基础设施运营企业平台经济的规划，其未来提供的服务涵盖诸多领域；但根据《油气管网设施公平开放监管办法》，此三项业务应当独立核算。

图4-1左侧是管网服务机制中较为特殊的规则，包括公平开放、管网平衡、照付不议、服务收费和天然气所有权，下文将逐一进行详解。管网服务中的通用规则本节不再赘述。

第一节　公平开放

图 4-2 为管网设施的公平开放机制，根据国家发展改革委、国家能源局、住房和城乡建设部、市场监管总局四部门联合印发的《油气管网设施公平开放监管办法》整理。虽然公平开放不是合同的直接内容，但事关合同的签订流程和基本精神。充分理解和利用公平开放机制，有利于托运商获得签约资格，有利于准确理解与使用天然气管网运营合同。

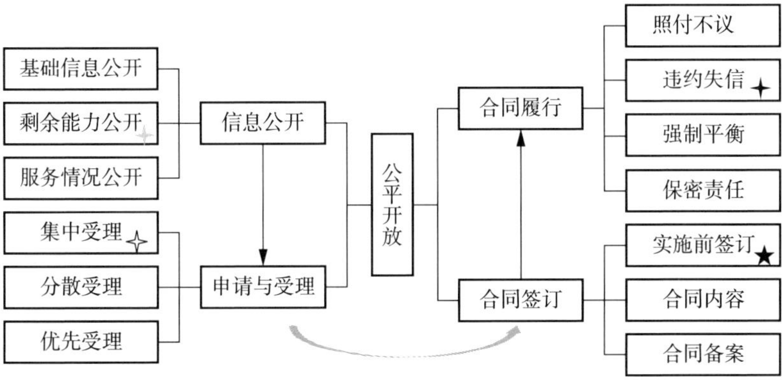

图 4-2　管网设施的公平开放机制

提示与建议

（1）✦：每年 12 月 5 日前公布下一自然年度各月油气管网设施剩余能力；每月 10 日前更新本年度剩余各月度的油气管网设施剩余能力。

（2）✧：采用集中方式受理时，管网运营企业应当公开发布开放服务公告，受理结果应当向所有申请用户公开。

（3）★：基于计划机制和合同履行前的准备工作，天然气管网运营合同的签订和实施之间应当有合理的期限。如果考虑长距离运输或期货因素，此期间应当更长。

结合✦、✧和★，托运商与管网运营企业集中签订天然气管网运营合同的时间窗口，预测在 12 月 5 日至 31 日。

（4）✦：未按照合同约定充分使用油气管网设施服务能力，情节严重的，油气管网设施运营企业应当及时报告国家能源局或其派出机构，按照规定将违约用户情况报送有关部门列入油气领域失信名单。被列入油气领域失信名单将有何种不利后果，目前尚不明朗，但预测将影响托运商资格。建议托运商对此高度重视，尽量避免未按约定使用管网设施的情况；一旦因客观原因可能违反初始合同约定，事先应当尽量促成计划调整；如果最终发生未按约定使用管网设施的情况，也建议向管网运营企业和行政主管机关说明客观原因和非主观过错的情况。

第二节　管网平衡

管网平衡是管网运营基础性的技术要求，因此是基础性的合同机制。

（1）计划机制是根据管网平衡的要求所制订的计划，因此违反计划机制大概率也是在违反管网平衡机制。

（2）天然气管网运营合同各项机制中的天然气未能接收、货物取消、削减交付、未提取天然气处理等安排，均是在不平衡的情况下为了实现再平衡而采取的强制措施。

（3）天然气管道运输服务合同对管网平衡的要求较高，指定日或较短的周期均要求管网平衡。储气库使用合同和LNG接收站使用合同，由于非持续性接收/交付天然气的特点，较短周期内一般不涉及管网平衡要求，但是在整个合同周期内，也需要遵守管网平衡。

图4-3为天然气管道运输服务合同的管网平衡机制。

提示与建议

图4-3主要是托运商原因造成管网不平衡的处理机制，因管网运营企业原因（含其他托运商）造成的管网不平衡的处理机制，参见接收机制中的未接收天然气和后续交付机制中的未交付天然气。

（1）✦：如果托运商有多个天然气交付点，是整体计算是否平衡，还是单个或组合交付点计算是否平衡，建议在合同中予以明确。

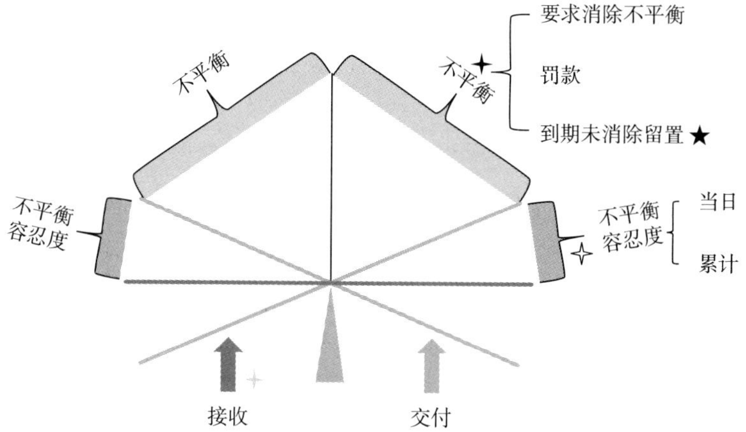

图 4-3　天然气管道运输服务合同的管网平衡机制

（2）✧：图示为便于识别，实际的不平衡容忍度比例较低。不平衡容忍度之内一般没有处罚机制。

（3）✦：管网不平衡的各项责任与照付不议责任平行适用。

（4）★：双方应当约定不平衡天然气留置之后的处理规则，包括所有权归属、处理程序、处理成本承担、剩余价值分配等。天然气管道运输服务合同一般约定不平衡天然气归属管网运营企业所有。

根据天然气管网运营合同（包括天然气管道运输服务合同、储气库使用合同、液化天然气接收站使用合同）、《天然气管网设施运行调度与应急保供管理办法（试行）》，管网不平衡处罚风险具体内容如下（见图 4-4）：

（1）不平衡容忍。在不平衡容忍度之内，托运商无须承担任何费用，但需要注意当日不平衡未超出容忍度后亦应及时采取措施，否则可能与后续日期的不平衡量累计，从而造成超出不平衡容忍度的情况。

（2）不平衡服务。发生接纳范围之内的不平衡事件时，托运商可以选择申请使用管网不平衡服务，并在规定时限内恢复平衡。如果未申请使用管网不平衡服务，或者未在期限内恢复平衡，则管网运营企业有权进行强制平衡。

（3）强制平衡。发生不平衡服务接纳范围之外的事件，或者托运商未申请管网不平衡服务，或者期限内未恢复平衡，管网运营企业有权采取强制平衡措施，包括出售不平衡气量、拒绝接收天然气/LNG、拒绝交付天然气/LNG 等。除此之外，管网运营企业还有权要求托运商赔偿损失，包括管网运营企业的损失、其他托运商的损失等。

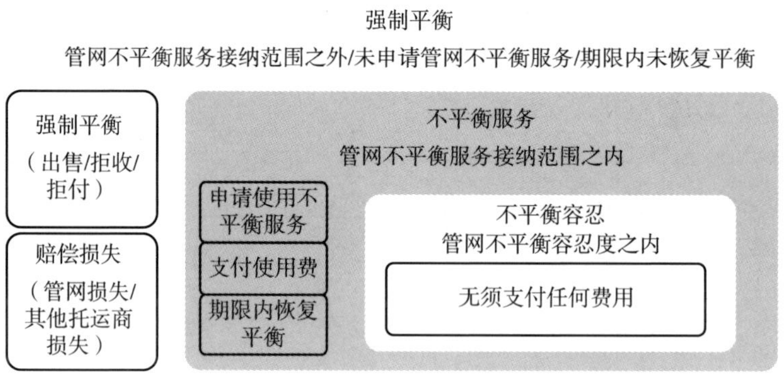

图 4-4 管网不平衡处罚风险具体内容

与本节相关的合同条款示例及法律法规

《天然气管道运输服务合同》

7 管网平衡

7.1 甲方应按照合理审慎作业者标准，在向乙方交付的天然气量和自乙方提取的天然气量之间保持管网的平衡。

7.2 管网不平衡偏差总量为乙方在不增加运营成本的前提下，可接受的管网总进气与总销气之间的差值的绝对值。

7.3 管网不平衡容忍度（不平衡气量波动范围）是乙方参考甲方签约输送能力与设计输送能力的比例，向甲方提供的管网不平衡偏差总量。该合同项下甲方允许的当日运行不平衡气量波动范围为甲方最终日指定气量的【】%；甲方允许的累计运行不平衡气量波动范围为该托运商最终日指定气量的【】%。

7.4　当出现管网不平衡时，甲方应尽最大努力配合乙方进行管网平衡调整。当管网不平衡已经或预计将超出乙方可接受的容忍范围，乙方有权要求甲方重新提交日指定，以使管网达到平衡，如果甲方未按照乙方的要求采取行动，乙方可主动调整甲方的接收和交付日指定，并按照调整后的日指定执行并控制。

7.5　自甲方累计不平衡超过不平衡容忍度的当天起，乙方开始收取甲方的管网不平衡罚款。每个管网平衡周期管网不平衡罚款的计算方式为：每个管网平衡周期超出不平衡容忍范围的绝对量，乘以本合同约定平均管输服务费率的【】倍。

7.6　如果甲方在＊日内没有对消除不平衡作出回应，则甲方剩余在管输运营商系统中的天然气应由乙方留置，并成为乙方的财产和乙方运营管线的管存气。

《天然气管网设施运行调度与应急保供管理办法（试行）》

第十五条　托运商应当保障管网设施进出气量平衡。托运商当日进、出管网设施气量差值不应超过当日进气量的3%，累计进、出管网设施气量差值不应超过该累计期内日均进气量的8%；重大节假日期间，托运商当日进、出管网设施气量差值不应超过当日进气量的4%，累计进、出管网设施气量差值不应超过该累计期内日均进气量的10%。因管网运营企业原因造成的，不应当计入托运商进、出管网设施气量差值。

当超过上述限值时，托运商应当自主平衡，或使用管网运营企业提供的不平衡服务。若托运商不能自主平衡且不使用不平衡服务，管网运营企业可采取物理平衡措施，使不平衡气量恢复至限值以内。

第十六条　管网运营企业可在允许额度内为托运商提供不平衡气量借气服务；可利用自有储气设施为托运商提供不平衡气量存气服务。管网运营企业提供的不平衡气量借气（存气）服务收取费用，并进行独立核算。

使用不平衡气量借气方须在7日内向管网运营企业补还全部借气，逾期未还的，管网运营企业可扣减使用方相应数量的下载气量。对无法通过扣减还气的，管网运营企业可通过交易中心采取公开竞价方式代购气量，费用由使用方全额支付。推动建立第三方气量平衡辅助服务市场。

使用不平衡气量存气方须在 7 日内提取全部存气，逾期未提的，管网运营企业可扣减使用方相应数量的上载气量。对无法扣减上载气量的，管网运营企业可通过代储或在交易中心采取公开拍卖方式代销气量，与使用方据实核算，费用由使用方全额支付。

第三节　照付不议

照付不议条款起源于 20 世纪 60 年代美国的天然气购销合同。其英文表述为“Take or Pay”，直译为“提气或付款”。该条款的核心内容通常是：无论买方是否实际提取了约定的最低数量天然气（照付不议量），买方都应当按照付不议量支付气款。

实践中，照付不议条款，天生自带“负能量”，容易引发曲解、误读和争议。其往往被指称为资源方滥用优势地位或支配地位的不平等条款。但事实上，照付不议机制（见图 4-5）是在特定行业中，基于特定技术要求所产生的规则。适用照付不议一般不会给权益方带来超额收益，而不适用照付不议往往会给权益方带来额外损失。

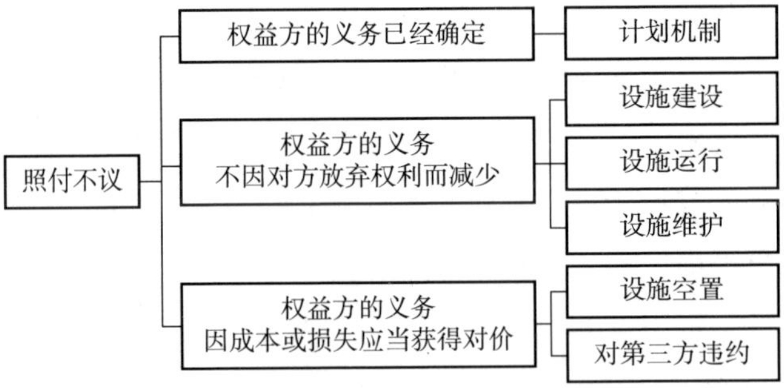

图 4-5　照付不议机制

天然气管网运营合同虽然不是天然气购销合同，但因为受限于同样的技术条件，也应当适用照付不议机制。国家发展改革委、国家能源局、住房和城乡建设部、市场监管总局四部门联合印发的《油气管网设施公平开放监管办法》规定：用户未按照合同约定充分使用油气管网设施服务能力的，应当按照国家有关规定和合同约定支付服务费用……简言之，管网设施应依约付费，而不是据实付费。

图 4-6 为较为复杂的照付不议规则，不排除具体合同中简化使用。

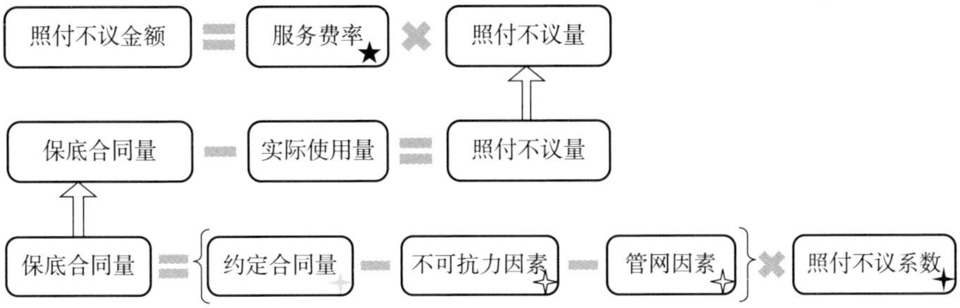

图 4-6　较为复杂的照付不议规则

提示与建议

（1）✢：照付不议的计算周期，需要结合合同具体情形确定，可能是周、月或者整个合同期。

（2）✧（两处）：可以扣减的不可抗力因素和管网因素，需要在合同中明确约定适用情形和程序。

（3）✦：照付不议系数是否设立及具体数值，需要在合同中明确约定。

（4）★：不排除以约定的其他标准计算照付不议金额。

特别提示

照付不议责任可能与其他合同责任重叠适用。

与本节相关的合同条款示例及法律法规

《液化天然气接收站使用合同》

第5条　服务的报酬

5.1　接收站使用方应支付的款项

接收站使用方在任一结算周期应向接收站公司支付的作为LNG服务费用的金额（“结算周期服务费”）等于单位服务费率与接收站公司在该结算周期内实际交付给接收站使用方的天然气和LNG的数量（以立方米为单位计算）的乘积。

5.2　液化天然气年保底量

5.2.1　液化天然气年保底量

双方同意，就任一合同年而言，即便接收站使用方实际并未使用，接收站使用方仍有义务向接收站公司支付液化天然气年保底量对应的LNG服务费用。

某一个合同年的液化天然气年保底量指该合同年的年服务合同量减去：

（a）接收站使用方因不可抗力未能按计划交付的液化天然气的数量，前提是接收站使用方应能够出具充足的支持性文件证明该等不可抗力事件；

（b）因货物未能接收事件未能接收的液化天然气的数量；

（c）因接收站公司（无论是否由于不可抗力）未能按照本合同约定提供一定数量天然气或液化天然气而导致接收站使用方未能提取到的天然气或液化天然气的数量；

（d）接收站使用方因天然气或液化天然气不合格而根据本合同第

10.4 条相关约定拒绝接收的天然气或液化天然气的数量。

得出的数量，再乘以百分之九十（90%）。

5.2.2　照付不议金额

如果在一个合同年中接收站使用方的实际使用量小于根据本合同第5.2.1 条计算得出的液化天然气保底量，接收站使用方应就液化天然气年保底量与实际使用量之差（“照付不议量”）向接收站公司支付一笔款项（“照付不议金额”），其金额为照付不议量乘以单位服务费率所得出的金额。

某一个合同年的照付不议金额应包含在下一个合同年第一个合同月包含的某一个结算周期的收款通知书中。接收站公司应在该收款通知书中列明接收站使用方在上一个合同年的年服务合同量、液化天然气年保底量、实际使用量、照付不议量、照付不议金额等支持性材料。接收站使用方应按照本合同规定向接收站公司全额支付照付不议金额。

《储气库使用合同》

第三条　储气库服务

托运方向承运方购买储气库服务，储气库服务满足如下条件：日最大注气量【】立方米，日最大采气量【】立方米，储气容量【】立方米。

第四条　服务费率

合同价格

本合同储气库服务价格为：

储气容量预订费单价：【】元/（立方米·日）（含税价格）或【】元/（立方米·日）（不含税价格），根据第 3.1 条规定的储气容量计收，即储气容量预订费=储气容量×储气容量预订费单价×天数。

第九条　费用结算

未足额使用

如果在一个供气周内因托运方的原因，未足额使用该供气周日指定之和确定的注采量，则托运方应按照该供气周日指定之和确定注采量的【90】%减去该供气周的实际注采量支付本供气周的照付不议金额。

如果在一个供气周内因承运方的原因，未足额提供该供气周日指定之和确定的注采服务，则托运方按照该供气周的实际注采量支付本周费用。承运方未足额提供服务部分，由承运方承担违约责任。

《天然气管网设施运行调度与应急保供管理办法（试行）》

第十条 当托运商年度实际使用容量小于合同预定容量的90%时，管网运营企业按照合同预定容量的90%结算费用，因管网运营企业原因造成的除外；当托运商年度实际使用容量大于或等于合同预定容量的90%时，管网运营企业根据托运商实际使用容量结算费用。托运商合同不满一年的，实际使用容量结算周期按合同周期确定。

第四节 服务收费

天然气管网运营合同的复杂性，决定了服务收费机制的复杂性。图4-7左侧是服务收费项目，右侧是服务收费约定。

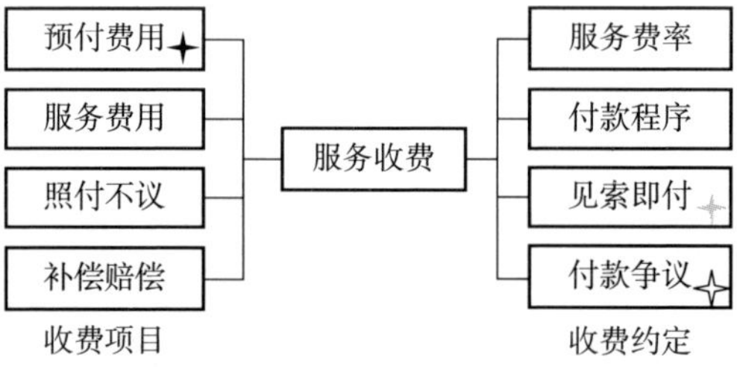

图4-7 服务收费机制

提示与建议

（1）✦：管网运营企业对托运商的收款通知，一般要求见索即付，即便托运商对付款事项有异议。

（2）✧：托运商对管网运营企业的付款争议和管网运营企业对托运商

的付款争议，应当优先适用付款争议解决条款。

（3）✦：管网运营企业可能要求托运商提供履约保证或预付款项。

与本节相关的合同条款示例

《液化天然气接收站使用合同》

11.1　收款通知书

11.1.1　每个结算周期结束后，接收站公司应尽早将一份收款通知书送达接收站使用方，列出该结算周期应支付的款项（下称“收款通知书”）。

双方同意，结算周期为一个【供气周或合同月】（可由接收站使用方自行选择周结或月结）。

11.1.2　收款通知书项下应支付的款项包括：

（a）根据本合同第5.1条计算的结算周期服务费；

（b）根据本合同第5.2条计算的照付不议金额（若有）。

11.1.3　下列各项付款金额（如有）将从收款通知书项下应支付的金额中扣除（此处金额的扣除是为了方便双方银行款项的往来操作，并不影响双方各自应开具的票据及其金额）：

（a）接收站公司在该合同月应支付的任何短缺天然气费；

（b）根据本合同第13.2.2条和第13.4条计算的可用于抵冲结算周期服务费的任何有关抵冲额；以及

（c）根据第11.1.4条的规定确定的前一个合同月的任何金额。

11.1.4　如果从第11.1.2条中确定的金额中扣除了第11.1.3条中规定的金额后结果是负数，则这个负数将根据第11.1.3（c）条的规定作为可抵冲额结转至下一个收款通知书中。

11.2　其他收款通知书

一方可将本合同项下发生应支付而在第11.1条中却没有说明的任何款

项的收款通知书连同有关的支持性文件（下称“其他收款通知书”）送达另一方。

11.3　付款

11.3.1　预付款（略）

11.4　逾期付款

11.4.1　如果一方未能根据第 11.3 条的规定及时全额支付收款通知书或其他收款通知书项下应支付的任何款项，则应按本合同约定的逾期利率为未付款项支付从到期之日至实际支付之日的利息。（后略）

11.5　争议款项

11.5.1　如果一方对收款通知书或其他收款通知书项下应支付的款项的全部或任何部分有异议，该一方仍应按照本合同的约定全额支付该收款通知书或其他收款通知书项下应支付的款项。

11.5.2　如果一方对收款通知书和/或其他收款通知书项下应支付的款项的全部或任何部分有异议，则该一方可在收到收款通知书和/或其他收款通知书后三十（30）天内向另一方发出书面通知对收款通知书和/或其他收款通知书的正确性质疑。如果未及时发出上述通知，则收款通知书和/或其他收款通知书中所示金额将被视为是正确的，已为双方所接受。收到上述通知后，双方应尽合理努力在十五（15）天内解决分歧，并就正确的金额达成一致意见。如果上述十五（15）天的期限结束后六十（60）天内仍未达成一致意见，则任何一方均可根据第 19 条的规定将争议提交仲裁。如果仲裁裁决认定一方多付了款，则另一方应将多付的金额连同从付款之日起至实际返还之日止按逾期利率计算的利息退还给多付的一方。如果仲裁裁决认定一方少付了款，则该一方应支付少付的金额连同从争议款项的付款到期日起按逾期利率计算的利息。

第五节　天然气所有权

在天然气管网运营合同中，需要注意两个看似矛盾，但实则不冲突的设定：一是气体混合；二是所有权归托运商。一方面，气体混合是管网运营的技术要求，天然气一旦进入管网设施，必然发生气体混合。另一方面，运输、仓储合同中，所有权一般归托运人；一旦涉及种类物的运输、仓储，也会出现标的物的混合，如粮食、矿石、电力等。

这两项设定，事实上影响了管网运营合同的诸多机制（见图 4-8）。

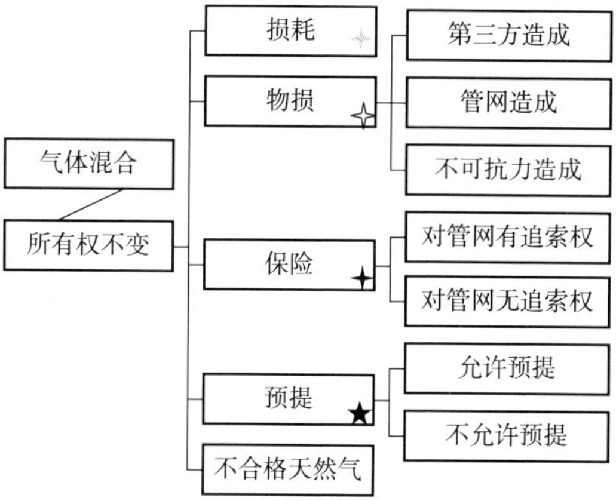

图 4-8　影响管网运营合同的机制

提示与建议

（1）✧：天然气如有损耗，应当由托运商承担。是否计算损耗以及损耗的计算方法，可以在天然气管网运营合同中予以约定。

（2）✧：①由于托运商是天然气的所有权人，承担天然气的物损并非不合理；②在此情况下向第三方的索赔，可以不通过管网运营企业进行；③侵权事件或不可抗力事件，与物损之间是否有因果关系，应当结合证据予以考察，托运商避免承担与己方货物无关事件造成的物损。

（3）✦：对天然气投保时，应当注意追索权的约定是否与天然气管网运营合同统一。

（4）★：LNG 接收站使用合同有窗口期，储气库使用合同有注气期，基于排期，不能排除托运商在库存为 0 时需要提取天然气，也不能排除某个时段托运商库存变为负数。因此如果可能出现预提气的，应当在合同中作出安排。

与本节相关的合同条款示例

《天然气管道运输服务合同》

12 气体混合权利

12.1 乙方有权将甲方的气体与管道中的其他气体混合。乙方在交付点交付的气体质量由气体运输过程和管道中其他气体混合共同决定，但需符合国家一类气质标准。

12.2 任一方应及时通知对方关于交付气体、接收气体、压力或其他运营条件的预期变化和变化的原因。

12.3 如果甲方下游用户对热值、组分、压力以及上述参数的波动有特殊的要求，甲方应书面通知乙方，乙方应在合理范围内满足甲方下游用户的要求，并在发生或预计发生不符合甲方下游用户要求的情况下及时通知甲方下游用户。

《液化天然气接收站使用合同》

9.1 所有权、保管和受损风险

9.1.1 接收站使用方库存

即使在接收站使用方库存由接收站公司持有和控制期间，接收站使用方仍享有接收站使用方库存的所有权，接收站使用方承担接收站使用方库存的受损风险。

9.1.2 保管和控制权

接收站使用方库存的保管和控制权将在越过 LNG 交付点时从接收站使用方转移至接收站公司。

9.6.3 除本合同另行约定或双方另行协商达成一致外，就接收站使用方库存而言，接收站使用方只对根据第10条的规定交付的或根据本合同条款销售的数量等于接收站使用方库存的天然气和/或LNG享有权利。在接收站使用方承诺后续补足库存且缴纳保证金的情况下（保证金具体金额由接收站公司决定），接收站公司可同意接收站使用方在接收站使用方库存为零（0）的情况下继续自接收站公司提取天然气和/或LNG。

（a）保证金（略）

（b）预提气量的补回

本合同约定的接收站使用方已累计提取的属于其他接收站使用方库存的那部分液化天然气（下称“预提气量”）应交付给接收站公司的时间限制为自首次提气之日起三（3）个连续自然月内。如接收站公司接卸LNG储罐空间不足，暂时无法接卸LNG，则以接收站公司另行通知的时间为准。如接收站使用方自首次提气之日起三（3）个连续自然月内或在接收站公司通知的期限内未补足预提气量，则接收站公司有权立即停止LNG服务以及与接收站使用方的一切合作关系，由此带来的一切后果，由接收站使用方自行承担。

10.1.3 混合气源

接收站使用方确认并同意，接收站使用方的LNG将与其他接收站使用方交付至LNG接收站设施的LNG混合在一起，接收站公司交付至交气点的天然气或LNG将与交付给其他接收站使用方或其他用户的天然气或LNG混合在一起。接收站使用方进一步确认并同意，只要交气点的混合天然气或LNG符合天然气规格，接收站使用方就无权要求接收与接收站使用方的LNG的质量相同的天然气或LNG。

12.2.5 接收站使用方购买的财产一切险与第三方责任险应指定接收站公司为共同被保险人，且上述保单中应载明接收站使用方的承保人同意放弃对接收站公司，或接收站公司的任何员工、代理或承包商以及为接收站公司工作的个人、法人的代位追偿权。

《储气库使用合同》

第五条　交付

托运方始终享有交付天然气的所有权，并承担交付天然气的受损风险。

双方约定，储气库服务的损耗率为【 】%，储气库服务超出该约定损耗率的额外损耗由承运方承担。

第十条　计划与指定

托运方提交的日最大采气量不得超过本合同约定的日最大采气量，且总提气量不得超过托运方在承运方储气库中储存的天然气量。托运方在当日 15：00 前提交次日日指定，承运方在当日 18：00 前进行确认和发布，托运方未在承运方规定的日指定周期内提交日指定的，承运方按前一日日指定执行。

第十二条　保险

托运方应全权负责储气库内天然气的投保事宜，以防止在储气库服务期间发生损失。

第六节　服务机制综述

管网服务机制中，虽然没有托运商的直接义务，但是事关托运商对整个天然气管网运营合同的正确理解和准确适用。关于公平开放和管网平衡机制，如果不能配合或响应管网运营企业的合理安排，则有可能影响合同签订和履行。

就照付不议、服务收费和天然气所有权机制而言，这些机制的原则性表述会覆盖合同运行的所有情形，简单适用可能影响托运商的合理权益。如有需要拓展自身合理权益，则应统筹规划，在其他的合同条款中作出具体安排。

第五章

天然气管网运营合同交付机制

管网运营交付机制，是指管网运营企业提供输送、储存、汽化、装卸、转运等服务后，将天然气或 LNG 交付给托运商的机制。在一般的运输或服务合同中，交付机制较为简单，交付义务主要在承运人或受托人一方，一般情况下不需要托运人或委托人积极地配合以完成交付；即便实际履行与合同约定有些许差异，也不至于造成严重后果。但天然气管网运营合同中，一方面受制于技术条件，天然气或 LNG 交付必须有托运商精准履行接收义务才能完成；另一方面受管网运营企业“X+1+X”运营模式影响，实际履行与合同约定的任何差异，都会造成责任发生和传递。

天然气管网运营合同交付机制见图 5-1。

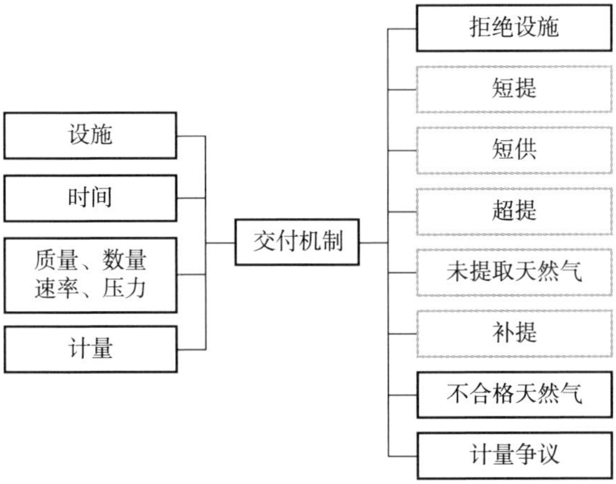

图 5-1　天然气管网运营合同交付机制

图 5-1 左侧是交付机制约定的主要内容，由于与接收机制下的内容类似，大部分情况下两种机制可以通用，此处不再赘述，读者可以参阅第三章。

图 5-1 右侧是异常交付的情形和处理机制，拒绝设施、不合格天然气和计量争议的内容，与接收机制中的内容类似，此处不再赘述，读者可以参阅第三章。

下文主要介绍图 5-1 中灰色方框标注的五种情形。

第一节 短提

短提在天然气管网运营合同中，一般表述为“未能按计划提取的天然气”，是指因托运商原因，或者双方约定的不可抗力原因，托运商未能从交气点提取天然气的处理机制。在管道服务、储气库服务和 LNG 接收站服务中，均有可能出现短提。短提默认责任在托运商一方，但不排斥约定的不可抗力情形，视同托运商责任。

一、单一运营合同视角下的短提

单一运营合同视角下的短提见图 5-2。

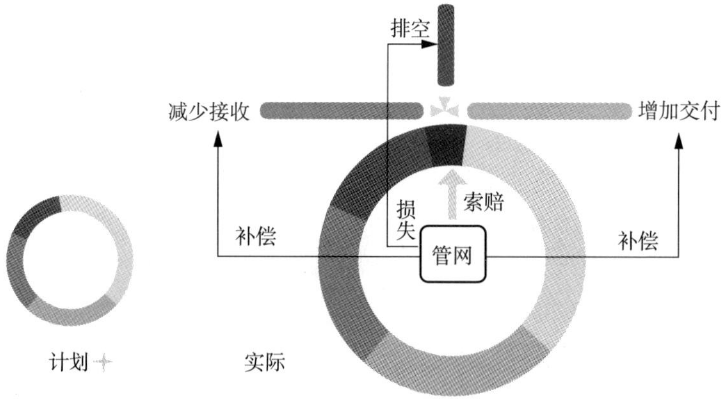

图 5-2 单一运营合同视角下的短提

提示与建议

（1）＋：短提的计算周期、短提的容忍度应当在合同中明确约定。

（2）对是否补提和补提的适用条件，双方应当在合同中明确约定。

（3）托运商充分利用计划调整和日指定的规则，可以尽量避免发生短提。

二、整体运营合同视角下的短提

从天然气管网运营合同的整体上看，发生短提事件后托运商可能承担的责任详见图 5-3。

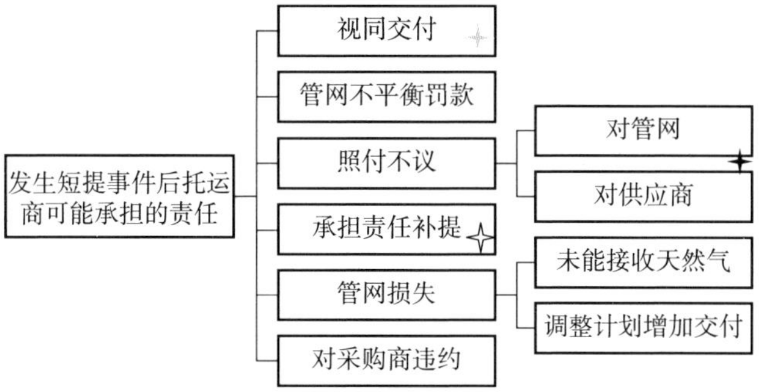

图 5-3 发生短提事件后托运商可能承担的责任

提示与建议

（1）✧：合同中有可能表述为管网运营企业准备就绪交付，即视同完成交付义务。双方应协商决定是否设置此等条款。

（2）✧：是否允许补提及适用条件，应当在合同中予以明确。

（3）✦：一旦发生短提，托运商可能对管网运营企业承担服务的照付不议责任，同时对供应商承担货物的照付不议责任。

（4）与管网设施有前后衔接的天然气管网运营合同，应当注意防止后手合同下的短提事件（见图 5-4），向前影响前手合同也会发生短提事件。

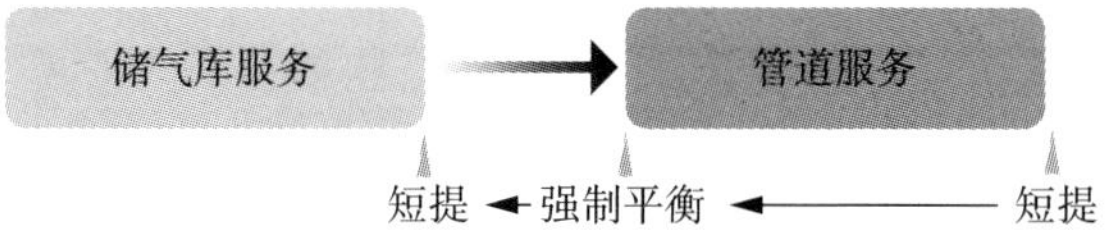

图 5-4 后手合同下的短提事件

综上所述，我们特别提示托运商发生短提事件可能承担的责任形式较多，有时责任选择适用，有时责任平行适用；不排除特定情况下最大损失超过货值。

与本节相关的合同条款示例

《天然气管道运输服务合同》

7　管网平衡

7.4　当出现管网不平衡时，甲方应尽最大努力配合乙方进行管网平衡调整。当管网不平衡已经或预计将超出乙方可接受的容忍范围，乙方有权要求甲方重新提交日指定，以使管网达到平衡，如果甲方未按照乙方的要求采取行动，乙方可主动调整甲方的接收和交付日指定，并按照调整后的日指定执行并控制。

7.5　自甲方累计不平衡超过不平衡容忍度的当天起，乙方开始收取甲方的管网不平衡罚款。每个管网平衡周期管网不平衡罚款的计算方式为：每个管网平衡周期超出不平衡容忍范围的绝对量，乘以本合同约定平均管输服务费率的【】倍。

7.6　如果甲方在＊日内没有对消除不平衡作出回应，则甲方剩余在管输运营商系统中的天然气应由乙方留置，并成为乙方的财产和乙方运营管线的管存气。

《液化天然气接收站使用合同》

13.2　未能提取计划的天然气

13.2.1　如接收站使用方在任一供气周提取的天然气和 LNG 数量少于其周提取量的百分之一百（100%），则接收站使用方应承担接收站公司因此而产生的合理损失，接收站公司有权调整接收站使用方之后的周提取量以弥补提取的天然气数量的不足。

13.2.2　如接收站使用方在任一供气周提取的天然气和 LNG 数量少于其周提取量的百分之九十五（95%）（实际提取量与周提取量之间的差额，下称“短提气量”），接收站使用方应配合调整船期及提气量，如果该等短提气量影响接收站公司运行，则接收站公司有权处置该等短提气量，包括但不限于代接收站使用方将该等短提气量的全部或部分销售给其他接收站使用方或其他任何购买人，并在收到销售净所得后将其返还给接收站使用方。

13.2.3　如果接收站使用方在任一供气周提取的天然气和 LNG 数量不足周提取量的百分之九十五（95%），且该等不足对接收站公司接收接收站使用方或其他接收站使用方交付货物的能力有严重不利影响，则接收站公司有权在避免产生该等不利影响所需的范围内全部或部分推迟或取消接收站使用方在本合同项下原计划交付的任何一船货物。

13.2.4　如果因为接收站使用方在任一供气周提取的天然气和 LNG 数量少于其周提取量的百分之九十五（95%），而使接收站公司需承担任何责任或损失（包括但不限于任何滞期费、损失的船舶时间、LNG 船的照付不议责任），则接收站使用方应承担该等责任并给予接收站公司赔偿，以使其免受任何损害。

第二节　短供

短供在天然气管网运营合同中，可能表述为短缺天然气。短供机制（见图 5-5），是指在托运商无责任的情况下，管网运营企业未按计划向其供应天然气或 LNG 时的处理机制。

一般情况下，天然气管网运营合同约定有短供与超额短供的界限比例。超过该界限构成超额短供，管网运营企业应当承担责任；而未超过该界限，构成一般短供，管网运营企业不承担责任。为了便于描述和理解，下文所述的短供，均为超额短供概念。

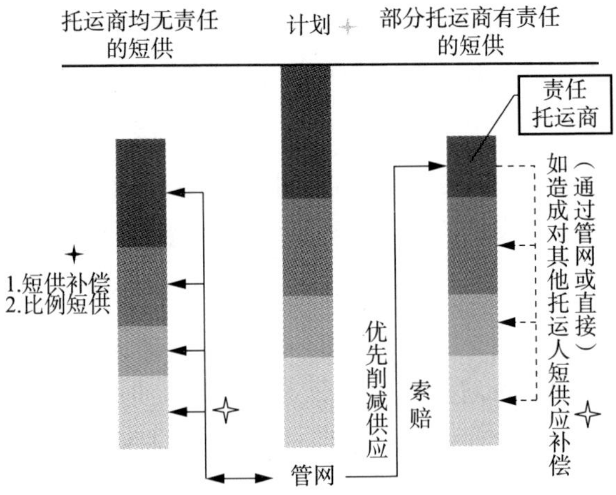

图 5-5　短供机制

提示与建议

（1）双方可以约定短供的通知机制，以便托运商及时作出后续安排。

（2）✦：计划调整与短供的区分方式，宜在合同中明确约定，以免发生争议。鉴于管网运营企业在计划机制中的最终决策权，不能排除管网运营企业以调整计划规避短供事件发生。

（3）✧（两处）：短供后的补偿一般不是管网运营企业的主动行为，需要托运商按照合同约定的方式和程序主张权利。

（4）✦：双方可以约定超额短供的补偿方式。

特别提示

与管网设施有前后衔接的天然气管网运营合同，应当注意前手合同下的短供事件，大概率向后影响后手合同发生未交付天然气事件（见图 5-6）。建议妥善约定天然气管网运营合同前后衔接，确保责任传递。

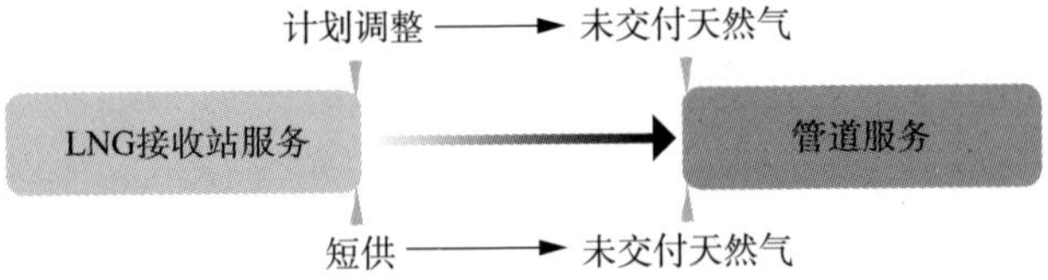

图 5-6　前手合同短供的影响

与本节相关的合同条款示例

《天然气管道运输服务合同》

7.4　当出现管网不平衡时，甲方应尽最大努力配合乙方进行管网平衡调整。当管网不平衡已经或预计将超出乙方可接受的容忍范围，乙方有权要求甲方重新提交日指定，以使管网达到平衡，如果甲方未按照乙方的要求采取行动，乙方可主动调整甲方的接收和交付日指定，并按照调整后的日指定执行并控制。

《液化天然气接收站使用合同》

13.3　短缺天然气

13.3.1　定义

（a）短缺天然气，是指就接收站使用方在任一供气日而言，除非下面（b）项和（c）项中另有规定，下面第一个数大于第二个数的差额（如果有）：（ⅰ）接收站使用方的日提取量的百分之九十五（95%），（ⅱ）接收站公司实际提供用以交付给接收站使用方的天然气或 LNG 的数量。除超额短缺天然气外，接收站公司无须对短缺天然气承担任何责任。

（b）尽管有第 13.3.1（a）条中关于短缺天然气的相关约定，但因下列情形造成的不应当属于短缺天然气：

（ⅰ）因接收站使用方的原因导致的；

（ⅱ）因不可抗力导致的；

（ⅲ）因接收站公司根据相关政府管理部门的要求开展天然气保供而导致的。

（c）为了避免疑义：

（ⅰ）除非接收站公司已根据本合同的条款销售了该等天然气或 LNG，

接收站公司因任何原因没有交付给接收站使用方的天然气或 LNG（包括不属于超额短缺天然气的短缺天然气）不应从接收站使用方库存中扣除，当根据附件七指定时接收站公司仍然有义务交付该等天然气；且

（ii）接收站公司输送至交气点准备交付但未被接收站使用方提取的天然气或 LNG 不构成短缺天然气。

13.3.2　超额短缺天然气的补救措施

如果一个合同年中的短缺天然气的总量超过了接收站使用方在该合同年中的年提取量总和的百分之一（1%）（此超过的数量下称“超额短缺天然气”），则接收站公司将向接收站使用方支付等于适用的单位服务费率的百分之五十（50%）乘以超额短缺天然气的补偿费（下称“短缺天然气费”），作为短缺天然气事件唯一的补偿在超额短缺天然气发生的结算周期的收款通知书中，此补偿金额将按第 11.1 条的规定记为接收站使用方可用作抵冲的抵冲额。

13.3.3　限制

（a）当接收站公司向接收站使用方发出了在某个时期内将会或预计会发生短缺天然气的通知以后，如果接收站使用方已在该通知发出前提交了自己在上述时期内任何一个供气日的日指定量，则该接收站使用方在任何时候均无权增加其在该时期内任何一个供气日的日指定量，除非接收站公司撤销了该时期的短缺天然气的通知。

（b）除了第 13.4 条中所述情况以外，接收站公司无须向接收站使用方或任何下游用户就未能根据本协议的规定交付天然气或 LNG 而承担任何其他责任，接收站使用方应支付的 LNG 服务费用也不会因此而减少。

《储气库使用合同》

第九条　费用结算

未足额使用

…………

如果在一个供气周内因承运方的原因，未足额提供该供气周日指定之和确定的注采服务，则托运方按照该供气周的实际注采量支付本周费用。

承运方未足额提供服务部分，由承运方承担违约责任。

第三节　超提

超提是指发生托运商超出计划提取天然气事件后，如何处理的机制。以目前的天然气输送和交付的技术条件，因过错发生超提的概率较低。由于管网运营企业控制交付设施，未经管网运营企业许可发生超提的概率亦较低。即便某个交付日发生些许超提，也可以通过日指定的调整迅速补救。

与超提相对的，逻辑上还存在管网运营企业超出计划供应天然气的可能性，但与前文原因类似，加之管网对计划的最终决策权，其发生的概率更低。

虽然超提/超供作为主动事件发生的概率较低，但作为被动措施而发生的概率仍然存在。例如，在某一托运商短提时，在管网平衡的技术要求下，其可作为避免资源浪费的补救措施（见图 5-7）。

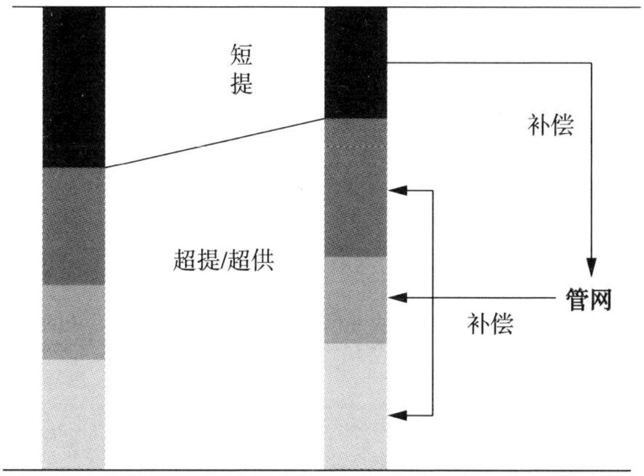

图 5-7　超提/超供发生的情形

即便超提发生概率较低，但毕竟是客观可能出现的状况，因此下文仍详细介绍超提机制（见图 5-8）。

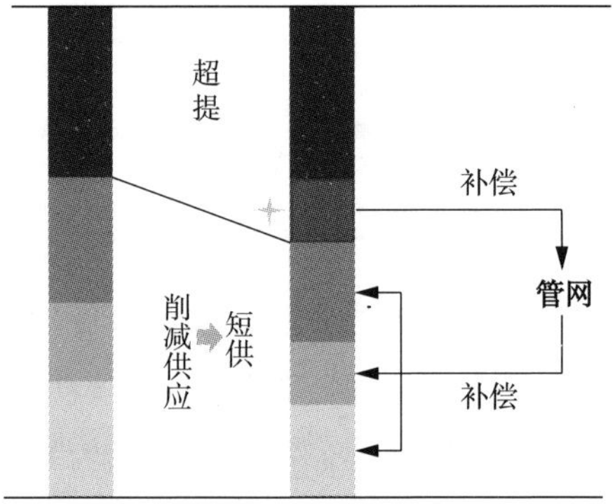

图 5-8　超提机制

提示与建议

（1）如果某个供气日，托运商因特殊情况，需要超出计划提取天然气，也应当避免发生超提事件。还可以考虑的措施有，与管网运营企业协商进行计划调整（可以考虑支付补偿），从其他托运商处购买天然气，与其他托运商等量异日期置换天然气等。如某一指定日发生较低比例的超提，可以考虑尽快修改后续日指定。

（2）✦：事先与管网运营企业协商进行计划调整并支付补偿，是可行且相对经济的方式，但应明确该补偿涵盖所有损失，包括间接损失。

与本节相关的合同条款示例

《储气库使用合同》

第九条　费用结算

超额使用

托运方应就超日合同量支付费用，该费用以以下方式计算并支付：

【】。托运方逾期未支付应付费用的，应向承运方支付该部分费用的利息，利息按届时全国银行间同业拆借中心公布的一年期贷款市场报价利率折算为日利率后上浮 10% 计收。如果在付款到期后 30 天内仍未付款，承运方可暂停储气库服务，直到托运方支付应支付款项。

第四节　未提取天然气

未提取天然气，是指天然气管网运营合同的服务期到期后，因托运商原因，未能从管网运营企业提取的天然气如何处理的机制。未提取天然气在合同中还可能表述为"逾期提气"或"剩余库存的处理"，存在于储气库使用合同和 LNG 接收站使用合同中；天然气管道运输服务合同由于受管网平衡机制的约束，一般不会发生未提取天然气问题。

未提取天然气是短提累计到合同终结时的表现，一旦发生，托运商可能出现多重损失。

未提取机制见图 5-9。

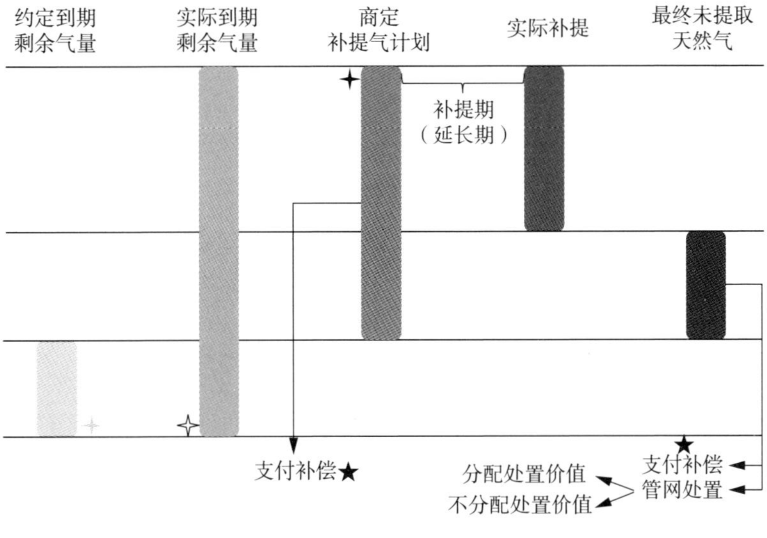

图 5-9　未提取机制

提示与建议

（1）在 LNG 接收站使用合同中，不排除未提取的是 LNG。

（2）✧：约定到期剩余气量，可能为 0，也可能为某个特定数值。

（3）✧：托运商应当重点核实超出约定剩余气量的部分，是否由于自身原因造成，如不属于自身原因造成的，则应按补提机制处理。

（4）✦：商定的补提气计划应当包括补提期、补提计划、补偿金额等。补提气计划能否纳入下一周期合同，值得在实践中研究。

（5）★（两处）：如果实际发生，可能需要支付两次补偿金。

（6）综合天然气管网运营合同，未按计划提取天然气，可能面临多重损失，而且额度超出预期，详见图 5-10。

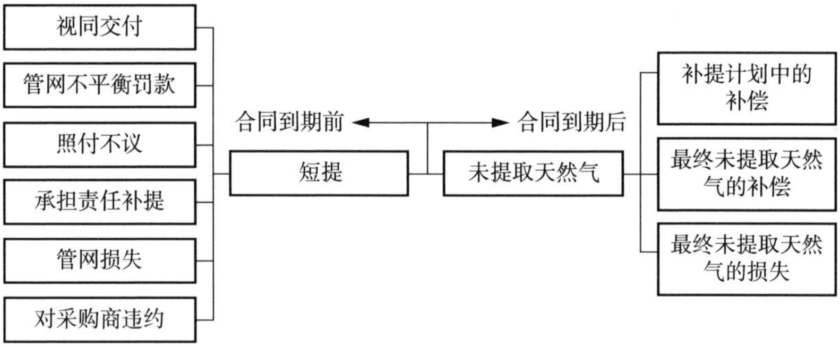

图 5-10　未按计划提取天然气可能面临的损失

与本节相关的合同条款示例

《液化天然气接收站使用合同》

9.6.5　接收站使用方剩余库存的处理

（a）如果接收站使用方库存在基本期限结束时是正数，则接收站使用方应在延长期内将全部接收站使用方库存提取完毕。

（b）本合同的期限根据第9.6.5条的规定延长，只是为了使接收站公司能根据本合同计划交付接收站使用方库存，并使接收站使用方能根据本合同的规定提取接收站使用方库存。接收站公司将在延长期内按合理的比例为交付接收站使用方库存作出计划并在相关的交气点将接收站使用方库存交付给接收站使用方。

（c）如果接收站使用方库存在延长期结束时仍是正数，则接收站公司有权处置该等接收站使用方库存。

（d）接收站公司和接收站使用方各自应尽合理努力将接收站使用方库存在基本期限和延长期结束时的数值减小至最低限度。

《储气库使用合同》

第六条　逾期提气

托运方应当及时提取储存的天然气，以保证在储气库服务期结束且双方无续签储气库服务合同时，托运方的天然气库存为零（0）立方米。

储气库服务期结束时，非因承运方原因导致托运方的天然气库存大于零（0）立方米，托运方在收到承运方发送的书面限期提气通知书后，储气库服务期结束日至上述通知限期内的储气库服务费按照原储气库服务费按天计算的单价的【 】%计算，计算公式为：【 】。

托运方应当在限期内提气完毕，或在限期内与承运方另行签订储气库使用合同。否则，自限期提气期届满之日起，超期的储气库服务费单价按原储气库服务费按天计算的单价的【 】%计算，计算公式为：【 】【托运方的天然气库存】，储气库服务费计算至托运方提气完毕或承运方另行公开拍卖出售该部分天然气为止；承运方另行出售该部分天然气的，应提前通知托运方且无须另行征得托运方同意，该部分天然气出售后，承运方应书面通知托运方，出售取得的价款在扣除相应的储气库服务费和变现所需的全部费用后，若有剩余款项的，承运方应支付给托运方；出售取得的价款无法弥补承运方损失的，托运方应继续承担赔偿责任。

储气库服务期结束时，若因承运方责任导致托运方天然气未按期提取，经与托运方沟通后承运方应另行通知托运方时间窗口期以提取剩余天然气量，且承运方应按照原储气库服务费按天计算的单价的【】%赔偿托运方，计算公式为：【】。

第五节　补提

补提是指双方未按计划交付/接收天然气后，采取补救措施交付/接收天然气的机制。补提可以是单独设计的合同机制，也可以散见于短提、短供、未提取天然气机制下；一旦发生短提、短供、未提取天然气的情况，必然涉及补提问题；由于其规则相通，本节一并予以介绍。

特别提示

在当前冬季天然气短缺的实际和保供的要求下，不可避免地出现短提、短供问题，补提也将是普遍现象。

图 5-11 为补提的主要情形。

图 5-11　补提的主要情形

图 5-12 为补提的主要规则。

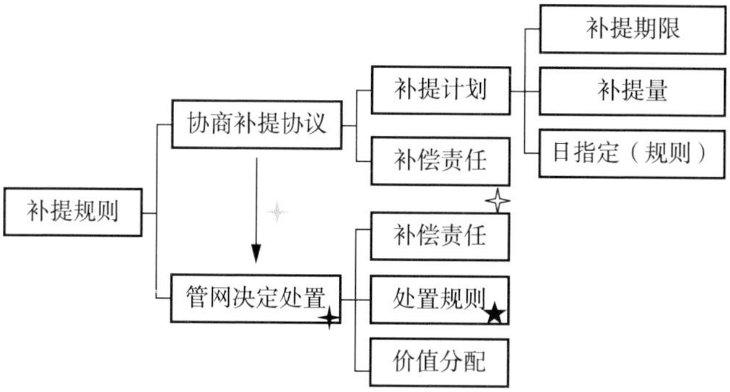

图 5-12　补提的主要规则

提示与建议

（1）✦：双方优先选择协商一致进行补提；但受下游天然气管道运输服务合同、销售合同的影响，托运商未必能够接受管网运营企业的补提方案。就补提事宜不能达成一致意见的，或者托运商拒绝管网运营企业因安排补提而制订的提取计划时，因管网运营的特殊性，补提事宜不能久拖不决，管网运营企业应当有权决定补提事宜。

（2）✧：双方应当在明确补提原因的前提下，商定或者根据合同约定计算补提补偿责任。计算补提责任时，短提、短供事件发生和补提时间点之间，是否及如何考虑价格波动因素，值得在实践中进一步研究。

（3）✦：基于管网平衡的基本原则和规章授权，管网运营企业在达不成补提一致意见的情况下有权进行处置，并非不合理；托运商应当给予配合以免发生更大损失。

（4）★：关于处置规则，可能由管网运营企业自行销售天然气，也可能由管网运营企业指定销售对象。

与本节相关的合同条款示例

《天然气管道运输服务合同》

7.4　当出现管网不平衡时，甲方应尽最大努力配合乙方进行管网平衡调整。当管网不平衡已经或预计将超出乙方可接受的容忍范围，乙方有权要求甲方重新提交日指定，以使管网达到平衡，如果甲方未按照乙方的要求采取行动，乙方可主动调整甲方的接收和交付日指定，并按照调整后的日指定执行并控制。

《液化天然气接收站使用合同》

13.2　未能提取计划的天然气

13.2.1　如接收站使用方在任一供气周提取的天然气和 LNG 数量少于其周提取量的百分之一百（100%），则接收站使用方应承担接收站公司因此而产生的合理损失，接收站公司有权调整接收站使用方之后的周提取量以弥补提取的天然气数量的不足。

第六节　交付机制综述

一、规则极其复杂

在整个天然气管网运营合同中，交付机制最为复杂。虽然本章介绍了交付中的五种特有机制，但本章开篇介绍过，交付机制中的大量内容，因与接收机制通用，因而在本章中未再赘述。事实上，交付机制也涉及交付设施、交付时间、交付质量、交付数量、交付速率、交付压力、交付计量等内容。

因此建议托运商全面对照天然气管网运营合同的要求，审视自身正常接收天然气/LNG的能力和对异常接收的容忍能力，切忌坐等接收。

二、受影响的因素较多

综观交付机制，可能发生异常的情形较多，影响其的因素较多，风险点也多，而这些风险点和风险因素，往往不受托运商的控制。如果托运商不能实现责任的有效传导，则有可能在自身并无过错的情况下承担额外损失。因此，建议托运商全面审视天然气管网运营合同和关联上下游合同、关联服务合同，确保全部的影响因素、风险点均有相匹配的责任传导路径。

三、损失额度可能超出预期

在交付机制中，因托运商原因发生异常的，可能面临多重、多次的补偿责任；综合的责任额度，可能超过货物价值。建议托运商对此有高度清醒的认识，发生异常事件时，及时制订合理的处理方案，以防补偿/赔偿金额超出货物价值情况的出现。

四、交付异常的情形和处理规则较为复杂

本章介绍的交付异常处理规则已经较为复杂。即便如此，仍不能涵盖管网运营中可能出现的所有情形。事实上管网运营企业和托运商所签订的运营合同，也可能涵盖不了本章所述的诸多情形。如果合同有约定，建议托运商全面准确理解这些规则，并转化为企业内部的交付异常处理预案；如果合同没有约定，也建议托运商参照本章介绍的规则，建立企业内部的交付异常处理预案，以防发生额外损失。

第六章 天然气管网运营合同特殊机制

前文已经详细介绍了天然气管网运营合同的基础机制：计划、接收、服务和交付。除此之外，天然气管网运营合同对比一般的运输合同、保管合同、仓储合同、委托合同，有一些机制虽然都存在，但在具体内容方面差异较大。根据笔者梳理，主要有以下四项：

（1）侵权责任；

（2）责任限额；

（3）保供；

（4）不可抗力。

第一节 侵权责任

在天然气管网运营合同中，侵权责任机制极其复杂，远超其他合同，有四个方面原因：

一是天然气管网运营涉及高压，易燃易爆，本身属于高度危险作业，一旦发生事故，损失额度较高。

二是天然气管网运营中，天然气或 LNG 归托运商所有，而设施归管网运营企业所有，一旦发生侵权，管网和托运商往往同时作为被侵权人。

三是在天然气管网运营“X+1+X”模式中，气体混合是基本机制，一旦发生侵权，托运商可能涉及多方受害人，而且存在权益比例问题。

四是因为天然气管网持续运营的特点，对天然气基础设施的侵权行为发生后，直接损失和间接损失的区分界限损失额度计算复杂。

下文按照侵权行为的主体不同，分类予以解析。

一、托运商对管网运营企业的侵权

托运商对管网运营企业的侵权见图 6-1。

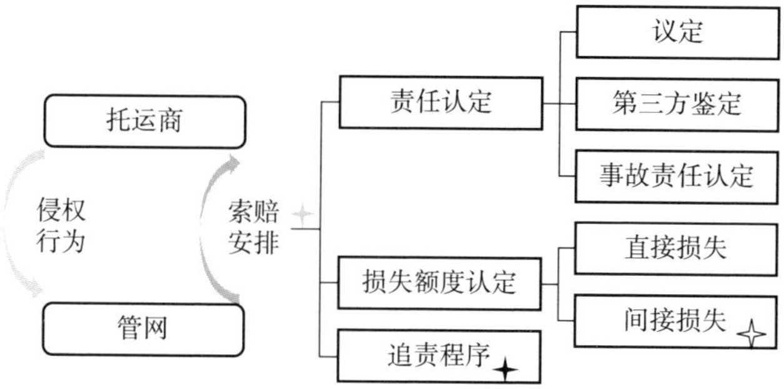

图 6-1 托运商对管网运营企业的侵权

提示与建议

（1）合同项下的侵权，可能存在侵权责任和违约责任竞合的情形。

（2）✛：双方可以在合同中约定侵权事件处理规则，也可以在侵权事件发生后商定处理规则。

（3）✧：关于间接责任，双方可以约定间接损失的范围（如管网运营企业对其他托运商承担的短供、未接收天然气、未交付天然气责任是否属于间接损失）、间接损失是否赔偿、间接损失的证明责任、尽量缩减损失的义务，等等。

（4）✦：双方可以约定侵权责任的追索程序，如不特别约定，可能会适用其他责任的追索程序，即见索即付。

（5）在下述其他类型的侵权情形下，可能需要适用以上的规则，下文不再赘述。

二、托运商对管网运营企业的侵权责任机制

实际上，托运商往往不是天然气/LNG 的生产者、使用者、运输者。侵权事件的发生，往往是供应商、采购商、服务商的设施造成的。在此情况下，侵权责任机制详见图 6-2。

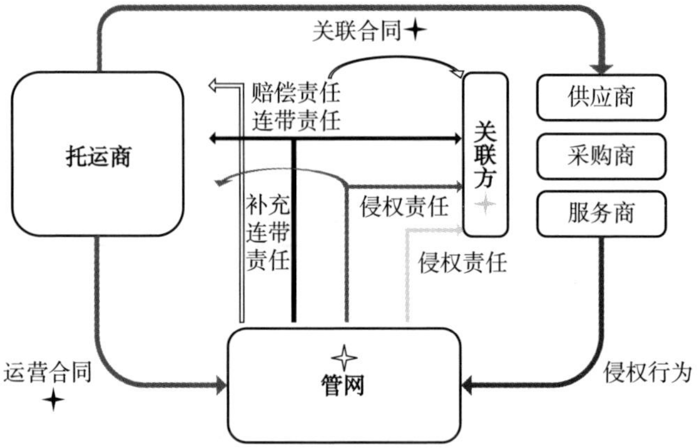

图 6-2　托运商对管网运营企业的侵权责任机制

提示与建议

（1）✦：资信能力较弱的关联方，可能无法承担巨额赔偿责任；因此选择资信能力较强的关联方，能够最大限度减轻侵权责任风险。

（2）✧：托运商和关联方之间关于侵权责任的分配，有四种情形：浅灰色、深灰色、黑色、白色，托运商责任依次加重。

（3）✦（两处）：双方可以约定侵权责任的追索程序，如不特别约定，可能会适用其他责任的追索程序，即见索即付。

（4）本部分的托运商关联方对管网运营企业的侵权，可能构成其他托运商管网运营合同项下的第三方对管网运营企业侵权。

客观实践中，托运商关联方对管网运营企业侵权的情形可能更为复杂。例如，业内高度评价的 LNG 船拼单业务。

上海石油天然气交易中心今日完成了首笔液化天然气（下称 LNG）拼单交易。

12 月 30 日，上海石油天然气交易中心发布消息称，其国际 LNG 业务的拼单交易功能已正式上线。

中国海洋石油集团有限公司（下称中国海油）当天发起了首单拼单交易，金帝联合能源集团、东方龙能源有限公司和浙江华气能源开发有限公司等 12 家企业线上申购，成功拼单成团。

目前，我们尚不了解该拼单业务中，合同对 LNG 船承运人责任和各托运商责任的具体约定。如不明确约定，各方之间将适用连带责任，即便是份额最小的拼单参与方。虽然发生事故是极小概率事件，但建议承运人警惕事故可能带来的巨额损失。我们认为，如果托运商一方根据与 LNG 接收站的合同，需要承担连带责任或者补充连带责任，拼单各主体宜在内部对责任进行明确。例如，拼单发起方因其选定承运人，应首先承担 40%的责任，剩余 60%的责任由拼单发起方和其他拼单参与方按拼单比例承担责任。

三、第三方对管网运营企业的侵权

第三方对管网运营企业的侵权，是指某一托运商自身及关联方未实施侵权行为，因无关联的第三方所实施的侵权行为而发生损失后，主张侵权责任的具体机制（见图 6-3）。

第三方可能是其他托运商，可能是其他托运商的关联方，可能是无任何关联的第三方，可能是管网运营企业的关联方，因此侵权责任第一种情形和第二种情形，均有可能与本部分机制同时适用。

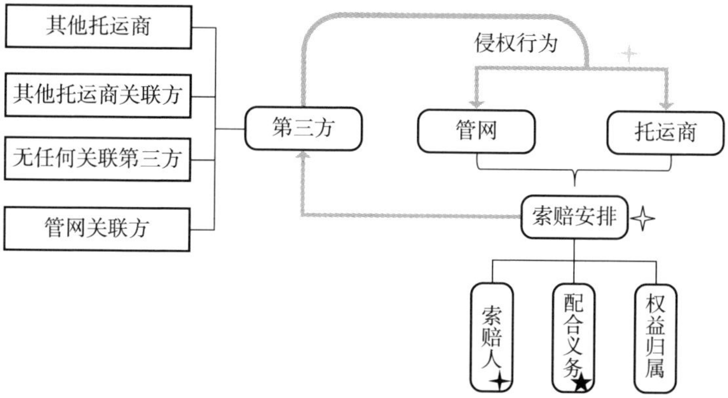

图 6-3　第三方对管网运营企业的侵权

提示与建议

（1）✦：建议首先判断侵权行为给哪些托运商造成损失，以及各托运商的损失比例。托运商认为侵权事件与自身无关的，宜及时主张。

（2）✧：对第三方侵权处理的基本原则，双方可在合同中约定。由于侵权事件可能涉及管网运营企业和多方托运商，关于索赔人、配合义务和权益归属，宜在侵权事件发生后协商确定做详细约定。

（3）✦：第三方的侵权行为可能给托运商造成两类损失：一是货物的损失；二是短供、未能接收天然气、未能交付天然气的损失。第一类损失托运商直接向第三方主张并无不妥；但第二类损失托运商直接向第三方主张存在一定障碍，宜由管网运营企业向第三方主张。

（4）★：托运商应当妥善履行配合义务，积极提供证据证明自身损失，避免漏算损失。

四、管网运营企业对托运商及其关联方的侵权

管网运营企业对托运商及其关联方侵权的处理机制较为简单，托运商及其关联方直接向管网运营企业主张侵权责任即可，而且该责任不应受责任限额的限制，除非天然气管网运营合同中对此作出特别约定。

特别提示

托运商在发生此类事件后，应积极采取措施防止承担额外损失：

（1）尽快固化因果关系、损失大小的证据，向责任方主张权利。

（2）应迅速判断是否会发生计划调整、短供、未能接收天然气、未能提取天然气事件，并采取预防措施，避免损失进一步扩大。

与本节相关的合同条款示例

《天然气管道运输服务合同》

14 第三方侵权责任

因第三方侵权行为造成天然气管道破坏，致使中断或减量供应，乙方

无法按合同约定供气的，乙方应在知道该等侵权行为发生后及时书面通知甲方，立即采取抢修等适当的措施防止损失的扩大，搜集并提供第三方破坏天然气管道的相关证据。第三方侵权责任认定后，乙方有权按照法律规定向第三方索赔因其侵权行为造成的甲方损失，甲方应依法向乙方提供一切必要的协助和手续，包括但不限于根据具体情况及法院要求提供代位求偿手续，或作为共同原告或第三人。在乙方尽到合理审慎管理责任并及时采取必要措施防止损失进一步扩大的情况下，乙方予以免责。由第三方承担的对甲方的损失赔偿应由甲方享有。

《液化天然气接收站使用合同》

13.1.3　如果 LNG 供应商、承运人或任何下游用户因接收站公司履行或违反本合同而向接收站公司提出索赔或提起诉讼（包括该第三方以其在与接收站使用方签订的合同项下享有的权利为依据提出的侵权索赔，但不包括对其他侵权提出的索赔），从而使接收站公司承担任何责任，则接收站使用方应承担一切该等责任并向接收站公司赔偿全部损失及费用，以使其免受任何损害，但是，（ⅰ）如果该等责任是因接收站公司单方面故意的不当行为而产生的，则该等赔偿将不适用；（ⅱ）处理上述索赔或诉讼时接收站公司应与接收站使用方协商，且在未征得接收站使用方的书面同意（接收站使用方不应无正当理由地不给予或拖延给予此种同意）的情况下不应就该等索赔或诉讼达成任何和解。如果接收站使用方有合理理由地拒绝同意某一项拟达成的和解，接收站公司和接收站使用方应真诚合作寻求该等索赔或诉讼的最终解决。如果接收站使用方无正当理由地拒绝或拖延给予同意，则一切后果均由接收站使用方单独承担。

13.1.4　每一方均确认并同意该等约定违约金是对有关事件造成的损害所做的合理估计。因此，双方特此不可撤销地放弃其根据适用法规可能享有的寻求对该等约定违约金作调整的权利。

13.7　第三方侵权责任

因第三方侵权行为造成 LNG 接收站设施损坏，致使接收站公司无法履行本合同规定的义务，接收站公司应在知悉该等侵权行为后及时通知接收站使用方，并提供第三方破坏 LNG 接收站设施的相关证据。接收站公司有权按照法律规定向第三方索赔因其侵权行为造成的接收站使用方的损失，接收站使用方应向接收站公司提供一切必要的协助和证明材料，包括但不限于根据具体情况及法院要求提供代位求偿手续，或作为共同原告或第三人。在接收站公司尽合理努力并及时采取必要措施防止损失进一步扩大的情况下，接收站公司应免责，由第三方侵权方承担接收站使用方的损失。

《储气库使用合同》

第十四条　第三方侵权责任

因第三方侵权行为造成储气库破坏，致使储气库服务中断或减量供应，承运方无法按合同约定提供储气库服务的，承运方应在知道该等侵权行为发生后及时书面通知托运方，立即采取抢修等适当的措施防止损失的扩大，搜集并提供第三方侵权的相关证据。第三方侵权责任认定后，承运方有权按照法律规定向第三方索赔因其侵权行为造成的托运方损失，托运方应依法向承运方提供一切必要的协助和手续，包括但不限于根据具体情况及法院要求提供代位求偿手续，或作为共同原告或第三人。在承运方尽到合理审慎管理责任并及时采取必要措施防止损失进一步扩大的情况下，承运方予以免责。由第三方承担的对托运方的损失赔偿应由托运方享有。

第二节　责任限额

责任限额是指管网运营企业向托运商承担的违约责任和侵权责任的最大额度，超出责任限额的部分，管网运营企业无须承担。

首先，天然气管网设施运营中设置责任限额机制属于行业惯例。兼具公用事业和高度危险的行业，往往设置责任限额。例如，《海商法》规定的责任限额制度、《民用航空法》规定的责任限额制度、《铁路法》规定的责任限额制度、《国务院关于核事故损害赔偿责任问题的批复》规定的责任限额等。虽然油气基础设施运营未在法律或行政法规层面有责任限额的规定，但基于其公用事业和高度危险的特征，从原理上类推，天然气管网设施一方适用责任限额具有合理性（见图 6-4）。

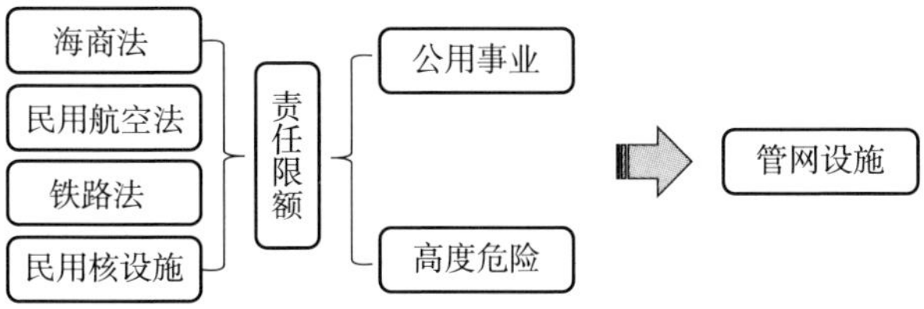

图 6-4　设置责任限额的原则

其次，责任限额条款应当妥善设置。一般情况下，责任限额在合同中的篇幅较短，但其有最高的优先级和刚性，所有违约责任和侵权责任的适用均受其限制。如责任限额设置不合理，则容易形成对管网运营企业的过度保护，可能使合同中管网运营企业对托运商的违约责任和侵权责任虚化；托运商无法向管网运营企业主张违约责任和侵权责任，极易引发额外损失。

责任限额机制见图 6-5。

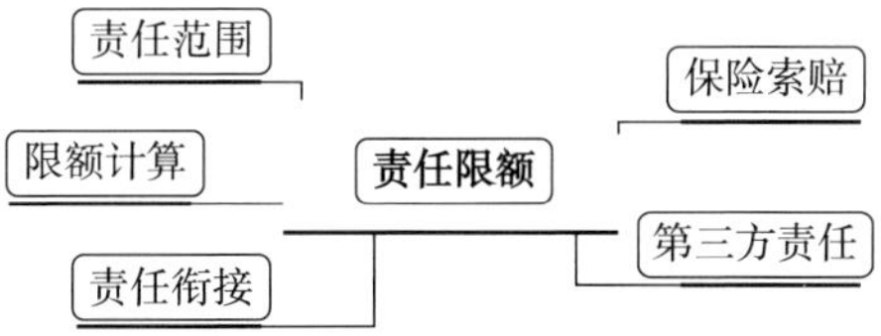

图 6-5　责任限额机制

一、责任范围

责任范围见图 6-6。

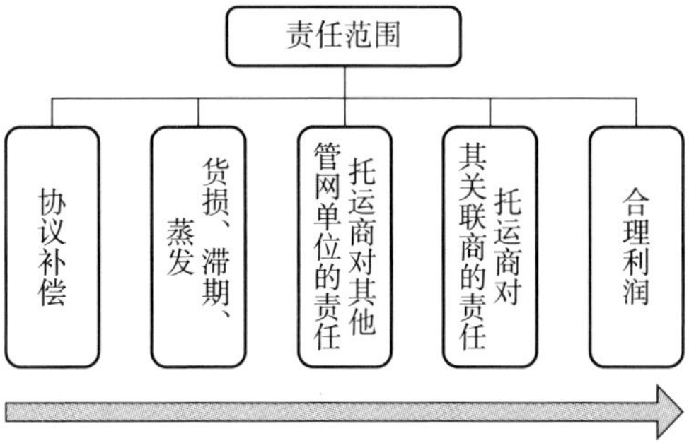

图 6-6　责任范围

提示与建议

（1）关于责任范围，双方应当在合同中妥善约定，建议定义式、列举式、排除式综合使用，避免发生理解歧义。

（2）所列举的责任类型，从右至左，对托运商递次有利。但合理利润或者其他间接损失获得管网运营企业同意的可能性较低。

（3）天然气管网运营合同中的责任限额，均为累计责任限额。

二、限额计算

限额计算见图 6-7。

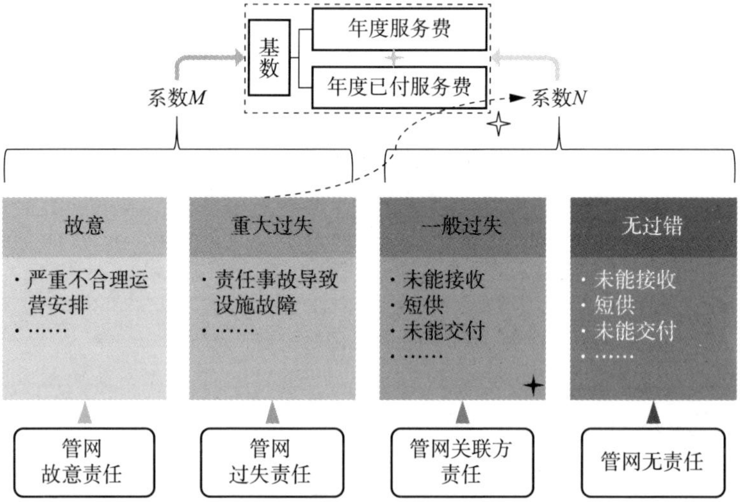

图 6-7　限额计算

提示与建议

（1）✧：双方应当妥善约定限额计算的基数，可以选择年度服务费、年度已付服务费或其他标准。相对而言，采纳年度服务费较为公平，采纳年度已付服务费对管网运营企业有利；选取年度已付服务费，不排除发生责任时，已付服务费较低甚至为零，以至于托运商无法获得赔偿。

（2）✦：管网运营企业是否有过错，以及过错是一般过失，还是重大过失，需要综合判断，必要时需要管网运营企业和托运商协商确定。

（3）✧：重大过失和故意行为是计入同一系数，还是与一般过失和无过错计入同一系数，抑或故意行为、重大过失、一般过失、无过错统一计入同一系数，需要双方在合同中明确约定。

三、责任衔接

托运商与管网运营企业签订多份相互衔接的合同时，容易出现一家管网运营企业对托运商的违约行为，同时构成托运商对另外一家管网运营企业的违约行为。管网运营企业对托运商有责任限额，但托运商对管网无责任限额，在此情况下，容易给托运商带来额外责任。责任衔接见图 6-8。

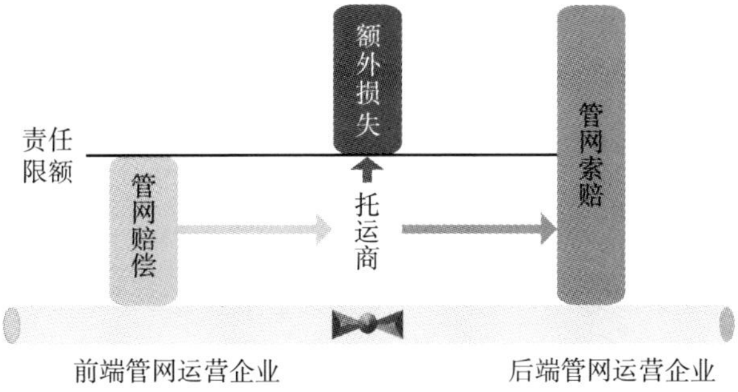

图 6-8　责任衔接

提示与建议

（1）以图 6-8 为例，实践中存在后端管网运营企业对托运商违约，同时造成托运商对前端管网运营企业违约的情形。

（2）为了避免这种现象的出现，建议增加特别条款。例如，其他管网运营企业对托运商违约，引发本合同项下违约行为的，责任抵消。

四、第三方责任

第三方对管网运营企业违约，造成管网运营企业对托运商违约的，托运商不能直接向有责任的第三方主张权利，必须通过管网运营企业向第三方主张权利，而管网运营企业获得相关赔偿后，转付托运商相关赔偿。第三方责任见图 6-9。

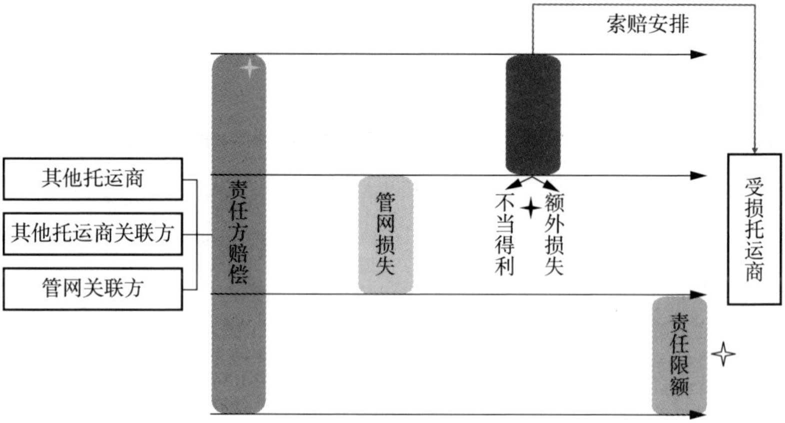

图 6-9　第三方责任

提示与建议

（1）✦：应当注意此种情形仅适用于违约责任，不适用于第三方对管网运营企业的侵权责任。第三方对管网运营企业侵权的处理规则详见前文。

（2）✧：此时虽有发生管网运营企业向托运商支付赔偿的情形，但未给管网运营企业带来负担，从原理上讲不应计入赔偿限额。建议合同中明确排除此种情形不适用责任限额。

（3）✦：如果此部分费用不能有效传递给托运商，会使管网运营企业构成不当得利，对托运商构成额外损失。

五、保险索赔

在评估责任限额条款时，应当注意其对天然气管网运营合同中保险机制的影响（见图 6-10）。

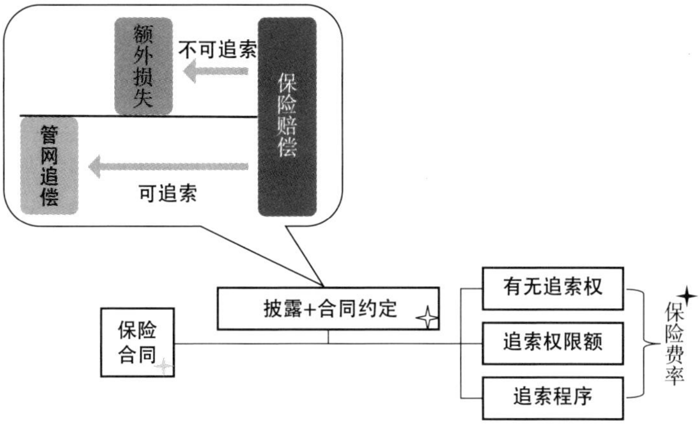

图 6-10　保险索赔

提示与建议

（1）✧：天然气管网运营合同中，要求托运商对货物和设施投保系惯例。

（2）✧：托运上应当特别注意向保险人披露天然气管网运营合同中关于责任限额的约定，并将这些约定引入保险合同中。否则出现保险事故，可能不被理赔。

（3）✦：有无追索权、追索权限额和追索程序，可能影响保险费率。

与本节相关的合同条款示例

《天然气管道运输服务合同》

17　责任限制

除非本合同有任何相反的规定，任何一方均不对另一方及其关联方因本合同而产生的或与本合同相关的一切间接、偶发性或惩罚性损害、收入损失或利润损失负责，无论该等损害或损失是由合同行为还是由侵权行为引发，也无论该等损害或损失是基于过错责任还是严格责任。

不管本合同中是否有与此相反的规定，在中国的适用法规允许的最大范围内，任何一个合同年内乙方因其在本合同项下应履行的一切义务而需向甲方承担的责任不应超过【本合同项下所收取管输费用的百分之三十（30%）】。

《液化天然气接收站使用合同》

12.2.5 接收站使用方购买的财产一切险与第三方责任险应指定接收站公司为共同被保险人，且上述保单中应载明接收站使用方的承保人同意放弃对接收站公司，或接收站公司的任何员工、代理或承包商以及为接收站公司工作的个人、法人的代位追偿权。

13.6 责任的限制

13.6.1 除非本合同有任何相反的规定，接收站公司不对接收站使用方及其关联方因本合同而产生的或与本合同相关的一切间接、偶发性或惩罚性损害、收入损失或利润损失负责，无论该等损害或损失是由合同行为还是由侵权行为引发，也无论该等损害或损失是基于过错责任还是严格责任。

13.6.2 不管本合同中是否有与此相反的规定，在中国的适用法规允许的最大范围内，任何一个合同年内接收站公司因其在本合同项下应履行的一切义务而需向接收站使用方承担的责任不应超过单位服务费率与该合同年的接收站使用方实际交付的 LNG 数量的乘积的百分之三十（30%）。

13.6.3 双方特此确认并同意，第 13.6.2 条的规定是双方在本合同项下拟进行的交易的不可缺少的重要部分，双方依据这些规定签订本合同，如果没有这些规定双方不会签订本合同。因此，双方均特此不可撤销地放弃根据适用法规其可能享有的寻求变更第 13.6.2 条中规定的责任限额的权利，不管一方因另一方违反第 13.6.2 条中提及的义务而遭受的损失的实际金额是多少。

《储气库使用合同》

第十七条　责任限制

除非本合同有任何相反的规定，任何一方均不对另一方及其关联方因本合同而产生的或与本合同相关的一切间接、偶发性或惩罚性损害、收入损失或利润损失负责，无论该等损害或损失是由合同行为还是由侵权行为引发，也无论该等损害或损失是基于过错责任还是严格责任。

不管本合同中是否有与此相反的规定，在中国的适用法规允许的最大范围内，任何一个合同年内承运方因其在本合同项下应履行的一切义务而需向托运方承担的责任不应超过【本合同项下所收取储气库服务费用的百分之三十（30%）】。

第三节　保供

保供是指管网运营企业和托运商执行政府机关关于天然气供应的行政决定，保障天然气供应的行为。保供原本被认为是偶发事件，作为不可抗力的一种情形出现在天然气管网运营合同中。但是近年来，冬季天然气紧缺已常态化，中央采取了一系列的天然气保供措施，保供已经成为管网运营不可回避的问题。

一、保供对天然气管网运营合同的影响

（一）保供决定具有强制性

据悉，国家发展改革委已与各有关部门、各地区和各有关企业建立了保供日调度机制，提前统筹谋划，加强协调调度，从供需两侧发力，做了一系列充分准备。有关省份和地市建立并执行天然气保供的消息，也常见诸报端。这些保供决定具有行政法上的强制性，直接影响管网设施运行。

（二）保供影响合同期限占比较高

北方的冬季供暖季长达 4 个月，占年度的 1/3。冬季保供期基本与其

同期，保供措施的影响期限基本也占合同期的 1/3。

（三）保供影响托运商资格

2021 年 1 月 15 日，国家管网集团发布《2021 年 LNG 接收站窗口期集中受理公告》，规定了托运商服务申请要求和服务申请集中受理分配原则。

关于剩余能力分配原则，有如下规定：①现有用户现有服务优先；②2020—2021 年冬季保供有贡献、申请 2021 年 11 月至 2022 年 2 月 LNG 接卸船窗口（提供冬季 LNG 资源）优先；③周转速度快、提气周期短优先；④上游资源落实和下游销售为终端用户优先；⑤LNG 供应和提取计划均衡优先。

目前，在天然气管网运营合同中，保供作为不可抗力事项处理，但与其他不可抗力事项相比，其又有较强特殊性，基本内容详见图 6-11。

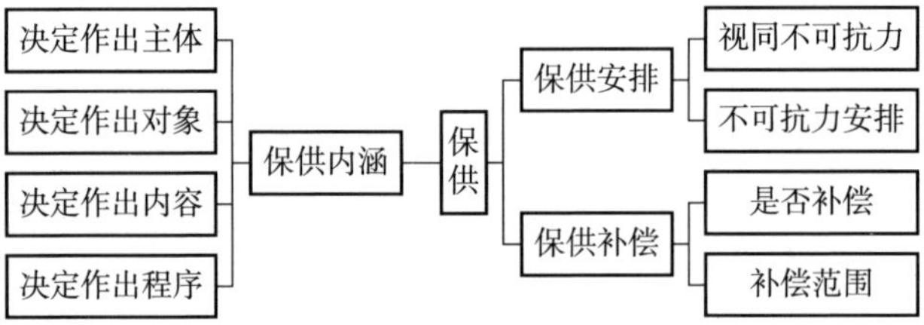

图 6-11　保供基本内容

二、保供内涵

由于法律上尚无保供的明确定义，类似的法律概念如征收、征用，也仅有《中华人民共和国宪法》《民法典》上的授权性的表述。因此本书根据实践，从决定作出主体、作出对象和作出内容三个方面进行分析。

（一）决定作出主体

首先，保供决定应当是行政行为，不应当是企业行为，保供决定的作出主体应当是行政机关。而根据保供日调度机制的表述，其最终决定可能是国家发展改革委与企业达成的行政合同，也可能是国家发展改革委的具体行政行为。如果是具体行政行为，视为不可抗力当无疑问；如果是行政合同，能否构成不可抗力，并且无责任地影响第三方权益，在理论上似有疑问。其次，为了避免保供决定作出的随意性，给管网运营和保供带来紊乱，保供决定的作出主体应当限定在特定范围内。国家发展改革委作出的保供决定或安排，应当坚决执行。各省级人民政府及其主管部门，根据国家发展改革委保供日调度机制作出的具体安排，或在本省天然气使用额度内作出的保供决定，应当视为有效的保供决定。省级以下人民政府及其主管部门作出的保供决定，应当仔细甄别是否与上级作出的保供决定冲突。需要注意的是，具体行政行为一经作出即有法律效力，对保供决定有异议也应及时进行法律救济，以免发生额外损失。

（二）决定作出对象

保供决定调控的，一是天然气的所有权；二是管网运营企业的经营行为。因此从原理上讲，保供决定作出的对象，应当同时是托运商和管网运营企业。但从实践上看，保供决定同时向管网运营企业和托运商作出的可能性较低。宏观层面，受“X+1+X”运营模式影响，保供决定大概率向管网运营企业作出，由管网运营企业执行，进而影响托运商。但从微观层面看，保供决定可能向托运商作出，能否构成不可抗力，进而提交管网运营企业执行，需要在实践中进一步研究，不能排除管网运营企业不同意执行，或者在技术上存在障碍的问题。

（三）决定作出内容

决定作出内容见图 6-12。

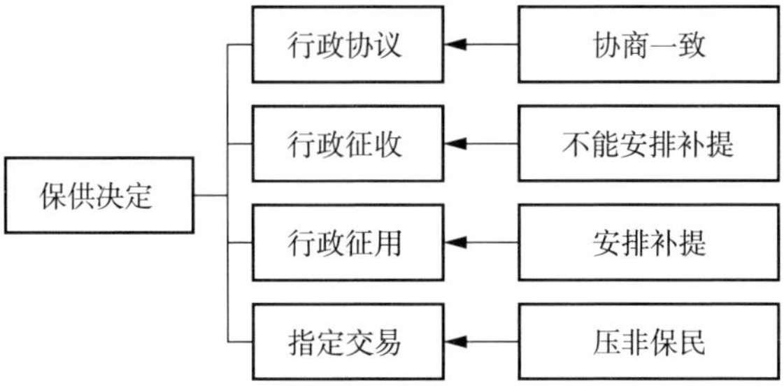

图 6-12　决定作出内容

三、保供安排

鉴于保供一般被视为不可抗力，保供安排请详见本书不可抗力部分的介绍，此处不再赘述。需要特别提醒两点：

（1）保供作为不可抗力也应当取得证明文件。

（2）由于气体混合机制的存在，保供决定是否影响某个托运商也是需要管网运营企业证明的事项，否则容易引发管网运营企业与托运商的分歧。

四、保供补偿

虽然保供在天然气管网运营合同中被视为不可抗力，但与其他不可抗力不同，执行保供任务事实上是在履行具体行政行为，如果发生损失，应当获得补偿。

《民法典》第二百四十五条规定：因抢险救灾、疫情防控等紧急需要，依照法律规定的权限和程序可以征用组织、个人的不动产或者动产。被征用的不动产或者动产使用后，应当返还被征用人。组织、个人的不动产或者动产被征用或者征用后毁损、灭失的，应当给予补偿。

执行保供任务确实可能发生损失，例如：①非居民用气与居民用气的差价；②采暖季与非采暖季的价差；③经营停止的损失。北京市非居民用管道天然气销售价格见表6-1。

表6-1　北京市非居民用管道天然气销售价格　　单位：元/立方米

用气类别		采暖季价格	非采暖季价格
发电用气		2.60	2.29
供暖、制冷用气	城六区	2.78	2.47
	其他区域	2.54	2.23
工商业用气	城六区	3.18	2.87
	其他区域	2.94	2.63
压缩天然气加气母站	供居民用气	2.10	2.10
	供非居民用气	2.64	2.33

注：1. 采暖季价格执行时间为2020年11月15日至2021年3月15日；
2. 非采暖季价格自2021年3月16日起执行。

五、保供总结

保供对管网运营的影响作用直接而且周期较长；上文已经分析，保供目前缺乏官方规则，本身可能涉及的情形较为复杂；客观上需要单独设计规则以免发生争议。国家管网集团运营数年以来，保供工作基本平稳，并未发生任何纠纷。但需要注意的是，国家管网集团执行的是国家层面的保供决定，本身具有较高强制力。随着进一步地公平开放，新的管网运营企业和新的托运商将陆续出现，能否适应保供相关的规则，还需要在实践中进一步研究。

与本节相关的法律法规

《天然气管网设施运行调度与应急保供管理办法（试行）》

第二十一条　国家发展改革委负责全国天然气应急保供指挥。国家管网集团负责全国天然气应急保供调度协调。各地人民政府承担本行政区域民生用气保障的主体责任，负责组织本行政区域天然气应急保供。供气方负责保障天然气资源供应，履行合同，配合应急保供。用户履行合同，配合应急保供。

第二十二条　各省（区、市）要加强地方应急储备和城镇燃气储备的统筹建设、协同运营和灵活调配，强化地方天然气供应安全保障。各省（区、市）组织县级以上地方人民政府建立不低于保障本行政区域上年5天日均消费量的天然气应急储备，组织城镇燃气企业建立不低于保障其年用气量5%的天然气储备。北方采暖省份及南方重点消费地区要研究进一步提高储备标准。

第二十三条　受国家发展改革委会同国家能源局委托，国家管网集团储备并管理一定量的国家天然气应急储备，并配套新增采气及输送能力，按照规范程序报批动用。

第二十四条　在国家发展改革委指导下，国家管网集团牵头制定全国天然气应急压减预案，掌握各省（区、市）人民政府有关部门天然气应急压减预案、供气方可中断用户压减预案。各省（区、市）人民政府有关部门组织制定本行政区域天然气应急压减预案，应当按照本行政区域上年日峰值用气量的15%组织落实可压减用气量。供气方制定本企业可中断用户压减预案，可压减用气量应当达到上年日峰值供气量的15%。应急压减预案应当明确可压减用户、气量，不得涉及民生用气。

第二十五条 国家管网集团应当建立分级预警机制，加强供需监测，当出现全国较大范围天然气供需严重失衡时，向国家发展改革委及时提出预警级别和应急保供方案建议。

根据国家发展改革委批准的预警级别和应急保供方案，国家管网集团协调开展天然气应急保供。国家管网集团启动应急压减预案应当至少提前48小时告知供气方，由供气方至少提前24小时告知相关用户。国家发展改革委提前48小时告知相关省（区、市）人民政府有关部门做好配合。

各地人民政府有关部门根据本行政区域天然气供需失衡情况实施应急保供。各地人民政府有关部门启动应急压减预案，应当提前报本地人民政府批准、上级人民政府备案，有关企业应当至少提前24小时告知相关用户。省级人民政府有关部门启动应急压减预案，应当提前报国家发展改革委备案。

供气方因自身原因不能保障合同履行，须先压减可中断用户用气，保障民生等重点用气。供气方可中断用户用气全部压减后仍不能保障民生等重点用气的，应当及时提请所在地政府有关部门启动应急保供；涉及跨省的天然气应急保供，供气方应当提请国家发展改革委启动。

第二十六条 供需失衡状况恢复72小时后，国家管网集团提出应急保供结束建议，由国家发展改革委会同国家能源局终止应急保供。应急保供结束后，使用国家天然气应急储备的，原则上须在5日内补还，逾期未补还的，国家管网集团可扣减使用方相应数量的下载气量；对无法通过扣减还气的，使用方须承担相关费用。国家管网集团根据国家天然气应急储备损耗情况，向国家发展改革委提出补足储备的申请。

第四节　不可抗力

根据《民法典》，不可抗力的定义为不能预见、不能避免且不能克服的客观情况。不可抗力虽然是合同中的常见条款，但极少为当事人所关注，主要有以下四个方面原因：①发生概率低；②强制性条款；③内容相对固化；④适用规则简单。

但是在天然气管网运营合同中，不可抗力却有特殊性：①构成不可抗力的情形较多，管网运营较为精密，对异常的容忍度有限，更多的事项可能构成不可抗力；②可能影响的主体较多，管网运营“X+1+X”模式使得对一个主体的不可抗力事件可能影响多个主体；③不可抗力发生后，合同仍将继续履行，需要一套规则减少或消除不利影响。天然气管网运营合同中异常履行发生概率相对较高，不可抗力的判定规则需要当事人详细约定，不可抗力的适用规则也需要当事人详加设计。

一、不可抗力的判定

在管网运营中，可能发生不可抗力的因素众多，可能影响不可抗力认定的情形也众多，仅用定义法显然无法涵盖现实中所有可能出现的情形。因此天然气管网运营合同中，在判定不可抗力的规则上，除了定义法，还包括四个维度，即列举情形、影响对象、排除情形、不免责情形，详见图6-13。

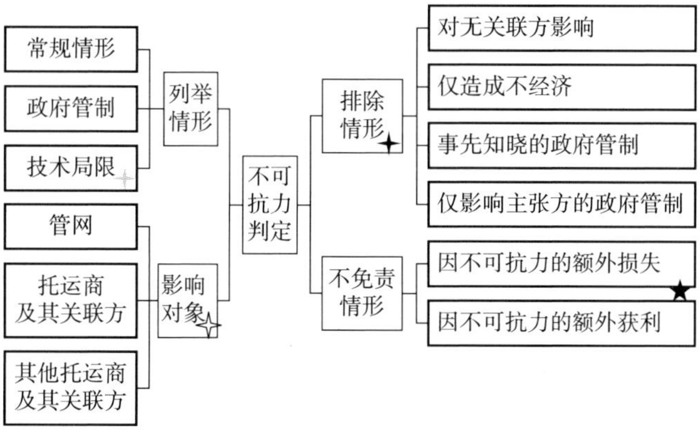

图6-13　不可抗力判定

提示与建议

（1）+：应当注意，因技术局限而导致的设施故障，可以属于不可抗力，但因过错行为而导致的设施故障，不应属于不可抗力。

（2）✧：应当注意影响与本合同无关的其他托运商所遭遇的不可抗力事件，也有可能构成影响本合同履行的不可抗力事件（见图6-14）。

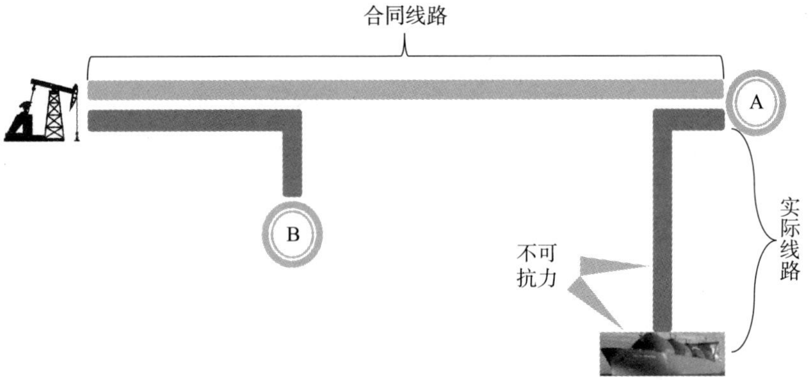

图6-14　与合同无关却影响合同履行的不可抗力事件

基于管网运营中智慧运营的特点，合同所约定的线路，未必是实际履行的线路，可能实际以最经济的线路和方式供应天然气。因此，即便在合同约定的线路上未发生任何不可抗力事件，但实际履行的线路上发生的不可抗力事件，仍有可能影响合同履行。如图6-14所示，合同线路为从油气田输送至A点；但在智慧运营的安排下，实际线路为“接收站+管道”，此线路上出现的不可抗力，是否构成不可抗力，值得在实践中进一步研究。

（3）✦：不可抗力的排除情形应当妥善设置，特别是何种情形下政府管制措施应当视为不可抗力。

（4）★：从原理上讲，不可抗力可能造成额外损失（见图6-15），也可能带来额外收益（见图6-16）。

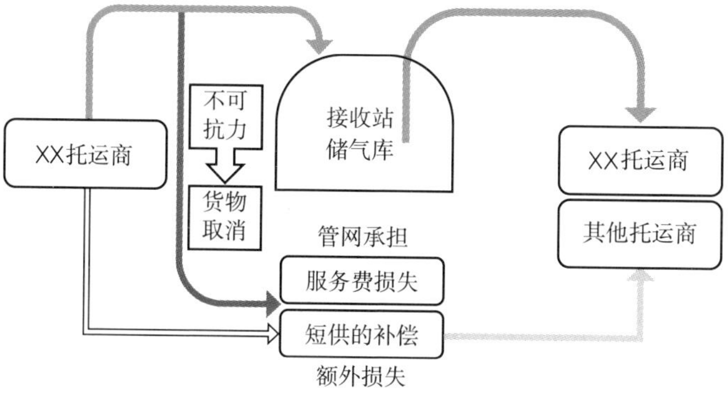

图 6-15　不可抗力造成的额外损失

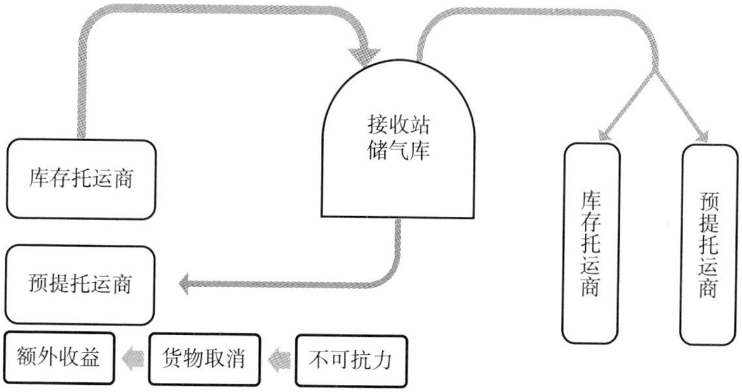

图 6-16　不可抗力带来的额外收益

二、不可抗力运行机制

管网运营有持续性，不可抗力造成合同解除是概率较小事件，一般情况下不可抗力造成合同部分履行或中止履行，大概率存在恢复履行的情况。因此一般合同中所约定的不可抗力，仅包括不可抗力证明和避免、减少损失义务，并不足以满足天然气管网运营合同要求。天然气管网运营合同需要一整套机制，以适应部分履行或者中止履行，以及恢复履行问题，详见图 6-17。

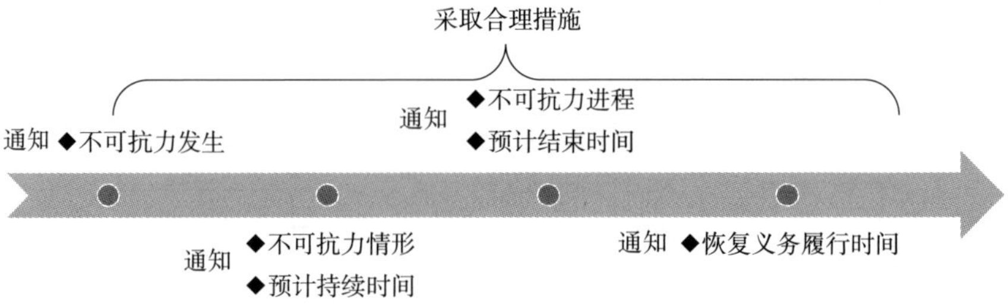

图 6-17　不可抗力运行机制

提示与建议

（1）管网运营企业与托运商均应按此要求，在发生不可抗力情形时履行合同。

（2）接收通知的一方，应当及时转送给受到影响的关联方。

（3）各类不可抗力通知将直接影响日指定，因此应当及时、准确；关于不可抗力的安排，建议征得相对方同意。

与本节相关的合同条款示例

《天然气管道运输服务合同》

15　不可抗力

15.1　不可抗力事件指合同当事人不能预见、不能避免、不能克服的客观情况，包括但不限于地震、水灾、雷击、雪灾等自然事件以及战争、制裁、禁运等超出双方合理控制范围的社会事件或突发重大公共卫生事件。

15.2　由于不可抗力原因，使双方或任何一方不能履行合同义务时，应采取有效措施，尽量避免或减少损失，将损失降到最低程度，并在不可抗力发生后8小时内以书面形式通知对方，在其后3日内向对方提供有效证明文件。

15.3　因不可抗力致使合同无法按期履行并造成损失，甲乙双方有责任努力减少损失，如因其中一方在应对不可抗力过程中处置不当，或不作为进一步造成对方损失的，应就对方损失扩大的部分承担相应责任。

15.4　甲方在本合同下的付款义务不因不可抗力而受减损。

《液化天然气接收站使用合同》

第14条　不可抗力

14.1　不可抗力免责

以第14条的规定为前提，若一方延迟履行或不履行其于本合同项下的任何义务，只要该履行因某种行为、事件或情形或多个事件和/或情形的作用受阻或拖延，而此类情况的发生是作为合理审慎的作业者无法合理控制的，并且即使已采取了其理应采取的措施也无法避免的，则该一方不应对其延迟履行或不履行承担责任（下称“不可抗力”）。

14.2　不可抗力

以第14.1条为前提，不可抗力事件应包括：

（a）直接影响一方的任何行为、事件或情形，包括：

（ⅰ）火灾、水灾、干旱、爆炸、大气扰动、闪电、风暴、暴风雨/雪、飓风、旋风、台风、龙卷风、地震、滑坡、海难、土壤侵蚀、塌陷、道路冲塌、流行病或其他天灾；

（ⅱ）战争（无论是否宣战）、暴乱、内战、封锁、暴动、公敌行为、入侵、禁运、贸易制裁、革命、蓄意破坏或恐怖主义的严重威胁；

（ⅲ）化学或放射性污染或电离辐射；以及

（ⅳ）任何政府机构在其合法权限内的行为或实施或采用新的或变更过的国际LNG接收站标准和国际LNG船标准；

（ⅴ）港口管制；以及

（ⅵ）接收站公司的LNG接收站设施部分或全部发生故障、损坏或运转失灵。

（b）任何构成不可抗力的行为、事件或情形，因对下列任一第三方造成直接影响，并在该第三方合理控制范围之外，且对一方产生直接或间接影响的事件：

（ⅰ）其他接收站使用方；

（ⅱ）其他接收站使用方的LNG供应商；

（ⅲ）从事或参与将其他接收站使用方的LNG运至LNG接收站设施的任何一方；以及

（ⅳ）任何其他用户。

14.3 不可抗力免责的限制

14.3.1 以下情况不应构成不可抗力：

（a）无力支付到期款项（无论因何种原因导致）；

（b）除第14.2（b）条规定的之外，直接受其他第三方影响的事件或情形；

（c）仅仅使履约变得不经济的任何行为、事件或情形；或

（d）第14.2（a）（ⅳ）条所述类型的任何行为：（ⅰ）作为合理审慎的作业者的一方在本合同签字日已知晓或应当知晓的行为，或（ⅱ）仅对主张不可抗力的一方产生影响或对其产生主要影响的任何政府机构的行为。

14.3.2 尽管有第14条的任何其他规定，提出不可抗力的一方的下列义务不得基于不可抗力事件被免除：

（a）接收站使用方根据第13.2.4条就接收站公司与第三方签订的任何合同而承担的责任赔偿接收站公司的义务（接收站公司作为其他接收站使用方可根据该等合同就上述责任主张不可抗力免责的除外）；

（b）接收站公司在第13.6条项下的义务；以及

（c）在不影响第13.6条的前提下，接收站使用方支付结算周期服务费的义务。

14.4 进入设施检查不可抗力情况

在一方主张不可抗力免责后，另一方应对受影响的设施享有合理的检查权，使其得以评估不可抗力的影响以及主张不可抗力免责一方是否遵守

其在第 14.5 条中的义务。

14.5　声称不可抗力一方的义务

声称不可抗力的一方应：

14.5.1　（除非不可抗力事件或情形使通知受阻）尽快［应在二十四（24）小时内］通知另一方发生了不可抗力事件。

14.5.2　（除非不可抗力事件或情形使通知受阻）尽快［应在四十八（48）小时内］通知另一方不可抗力的具体情况以及预计持续时间。

14.5.3　立即且始终采取合理措施以防止或极力减小不可抗力事件的影响。

14.5.4　随时告知另一方不可抗力事件的进程以及预计结束日期。

14.5.5　通知另一方其能够部分或全面恢复履行其义务的日期。

14.6　修改日指定量的限制

在接收站公司向接收站使用方发出不可抗力的通知后，接收站使用方同意不修改其日指定量或届时相关的任何其他预测量，直至接收站公司依照第 14.5.5 条通知接收站使用方恢复履行义务为止。

《储气库使用合同》

第十五条　不可抗力

不可抗力事件指合同当事人不能预见、不能避免、不能克服的客观情况，包括但不限于地震、水灾、雷击、雪灾等自然事件以及战争、制裁、禁运等超出双方合理控制范围的社会事件或突发重大公共卫生事件。

由于不可抗力原因，使双方或任何一方不能履行合同义务时，应采取有效措施，尽量避免或减少损失，将损失降到最低程度，并在不可抗力发生后 8 小时内以书面形式通知对方，在其后 3 日内向对方提供有效证明文件。

因不可抗力致使合同无法按期履行并造成损失，双方有责任努力减少损失，如因其中一方在应对不可抗力过程中处置不当，或不作为进一步造成对方损失的，应就对方损失扩大的部分承担相应责任。

托运方在本合同下的付款义务不因不可抗力而受减损。

第五节　特殊机制综述

上文已经详细介绍了天然气管网运营合同的四项特殊机制：侵权责任、责任限额、保供、不可抗力，并介绍了这些机制的特殊成因。事实上，在天然气管网运营合同的场合下，大部分合同机制较其他合同会有所变异，从而体现出更为复杂的状态。我们再次提醒以下三点：

（1）特殊机制适用的优先级高于其他机制。虽然同为合同条款，但是根据特别约定优于一般约定的原则，特殊机制适用的优先级高于其他机制。如果特殊机制设置的权利义务不均衡，可能造成其他机制意义落空。

（2）相同机制在管网运行下极易出现特殊性。在理解和使用天然气管网运营合同时，应当时刻注意其平台经济的特点和“X+1+X”的运营模式。这会造成在其他合同中常见的合同条款，在天然气管网运营合同中出现特殊性，如不可抗力、侵权责任等。

（3）天然气管网运营合同中有特有条款。需要深刻理解天然气管网运营合同中的特有条款，例如，责任限额和保供在合同中的表述条文不多、篇幅较短，甚至可能没有独立的条款，但对合同的影响不可小觑。以保供为例，如果因保供导致 LNG 货物取消，可能给托运商造成巨额经济损失，但却只能获得较小补偿或无法获得补偿。

第七章

天然气管网运营合同的管理

第一节　天然气管网运营合同对托运商的全方位影响

管网运营企业与托运商签订的虽然是服务合同，但绝非一般的服务合同。天然气管网运营合同的执行，事实上影响着托运商经营的方方面面。管网运营合同对托运商的影响如图 7-1 所示。

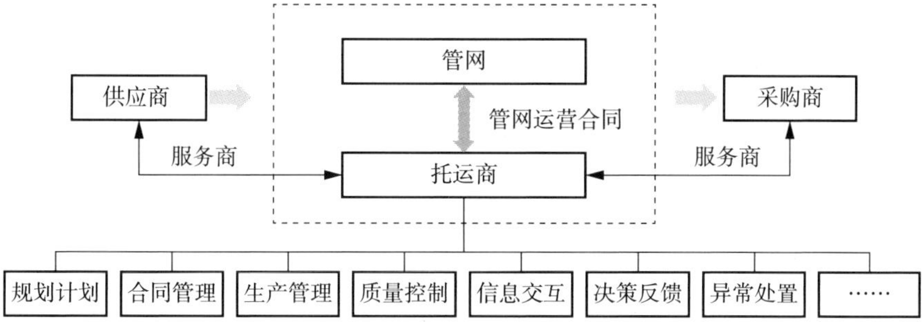

图 7-1　管网运营合同对托运商的影响

例如，托运商关于采购和销售的规划、计划工作，应当与天然气管网运营合同下的计划机制保持高度的匹配，否则极易产生接收机制下的未交付天然气，或交付机制下的短提、未提取天然气等后果。

例如，托运商的合同管理工作，应当保障各类合同与天然气管网运营合同的衔接，否则其他合同与天然气管网运营合同的脱节，将造成责任不能传递、自身承担额外责任的风险。

例如，托运商内部的信息交互工作，应当与天然气管网运营合同关于各类信息交互的要求一致，以实现尽量快速、提前决策，防止因不能调整窗口期、注气期或采气期、日指定等，而造成额外损失。

如果忽视天然气管网运营合同对托运商经营的全方位影响，造成经营行为与天然气管网运营合同脱钩，将产生诸多危害，包括但不限于：

（1）运行紊乱。一旦发生未交付天然气、短提、短供、未提取天然气、不合格天然气等情形，必将同时影响托运商对供应商和采购商合同履行的异常，不能排除会造成托运商整体运行紊乱的情况。

（2）经济损失。发生前述运行紊乱之后，势必造成托运商和多方主体的损失，在落实责任的过程中，不能排除托运商承担经济损失的可能性。

（3）不能延续托运商资格。在管网运营企业选择托运商的条件中，其中一项就是既往合同履行情况。根据国家能源局2023年2月《天然气管网设施托运商准入与退出管理办法（试行）（征求意见稿）》的规定，严重违反天然气管网运营合同，可能直接丧失托运商资格。

第十二条 【强制退出】管网运营企业应建立定期审查制度，对有下列情形之一的托运商，将其列入强制退出名单并进行注销注册：……（二）严重违反管输服务合同，且拒不整改的。……（六）存在严重影响天然气管网运行安全行为的。

理解和使用天然气管网运营合同的模式有两种：孤立式和贯穿式。

一、孤立式地看待天然气管网运营合同

所谓孤立式，是指将天然气管网运营合同作为一项单独的合同，既不考虑其与其他天然气管网运营合同衔接的问题，也不考虑其与关联合同的衔接问题（见图7-2）。此种分析模式，优点在于容易理解和使用，缺点在于不能准确研判合同是否衔接，以及应当采取何种风险防控措施。

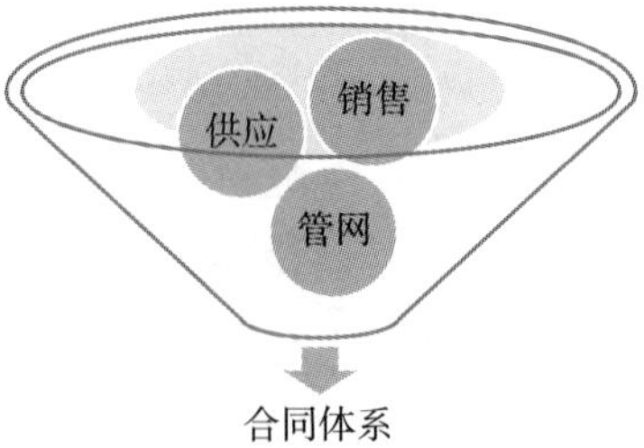

图7-2 孤立式天然气管网运营合同

二、贯穿式地看待天然气管网运营合同

与孤立式相对的贯穿式，是指将各天然气管网运营合同、天然气管网运营合同和关联合同视为一个整体，贯穿式地分析其各种机制是否紧密衔接，如有不衔接问题，如何采取风险控制措施。此种分析模式，尽管理解和使用难度较高，但无疑更加贴合平稳运行和风险管控的工作需求。

图 7-3 展示了贯穿式看待天然气管网运营合同的实例。天然气供应合同的交付机制，应当与天然气管网运营合同的接收机制保持衔接，天然气销售合同的接收机制应当与天然气管网运营合同的交付机制保持衔接。如果通过服务商向管网运营企业履行合同，亦需要相关合同机制保持衔接。

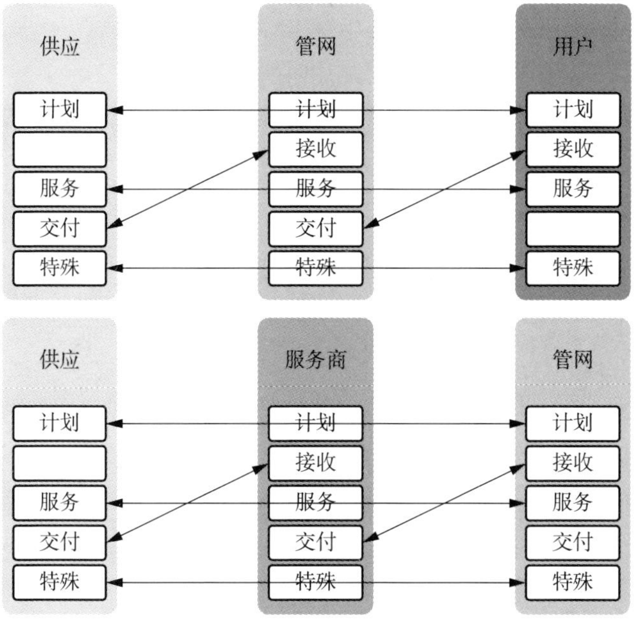

图 7-3 贯穿式天然气管网运营合同

三、以不可抗力为例分析两种方式

为了便于读者感受孤立式和贯穿式两种方式的差异，笔者以不可抗力为例（见图 7-4）进行分析。

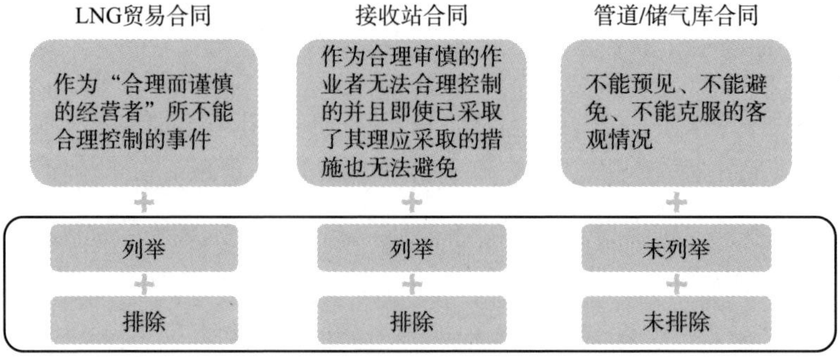

图 7-4　管网运营合同中的不可抗力

在天然气管网运营合同中，均以“定义+列举+排除”的方式约定不可抗力的内涵和外延。需要特别说明的是，上述列举和排除的事项存在较大的差异，详见表 7-1。

表 7-1　列举和排除事项的差异

事项	MSPA	接收站	管道/储气库
影响第三方（定义）的不可抗力	√/×	√	×
仅对一方产生影响的政府行为	√	×	√
不同原因的设施故障	√	√	×
资源方的出口管制	√	×	×
特定运河/海峡关闭	√	×	×
签订合同时能否预见	×	×	√

由表 7-1 可知，同一事项在不同天然气管网运营合同中，未必均能构成不可抗力。有可能出现在某些合同中构成不可抗力，在另一些合同中却不构成不可抗力的情况。在此情形下，可能造成免责机制不能传递。

第二节　天然气管网运营合同与决策行为相融合

一、上下游在先还是容量在先

关于天然气管网运营合同和上下游购销合同的签订次序，事实上一直存在一对悖论。

一方面，管网运营企业要求托运商在申请容量之前，应当首先落实上游资源和下游用户。另一方面，如果托运商首先落实了上游资源和下游用户，却不能或不足以获得管网容量，则不得不对上下游承担违约责任，如图 7-5 所示。

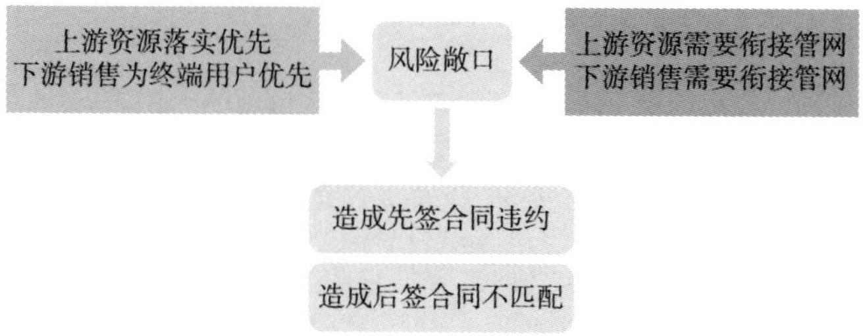

图 7-5　合同签订次序悖论

因此，对于托运商而言，事实上出现了一个风险敞口。为了削减这种风险，需要托运商与上下游签订的合同保持尽量高的柔性。这种柔性不仅能够接纳无法获得容量的情况，也能适应天然气管网运营合同的变更。

二、托运商身份还是采购商身份

在国家管网“X+1+X”的运营模式下，市场主体可以选择身份：既可以是托运商身份，也可以是采购商（用户）身份。

相对而言，托运商身份下，利润空间更高，但对自身运营能力、风险承担能力的要求更高；而采购商身份下，则无须担心自身运营能力和风险承担问题，但利润空间会受到大幅压缩。

建议市场主体在决定自身身份时，科学评估自身的运营能力和风险承担能力以免发生远超预期的风险。

第三节　天然气管网运营合同与合规风控相融合

在整个天然气产业链中，事实上托运商处于最弱的一环，如图 7-6 所示。

首先，托运商需要面对相对强势的资源方，在与资源方签订的天然气/

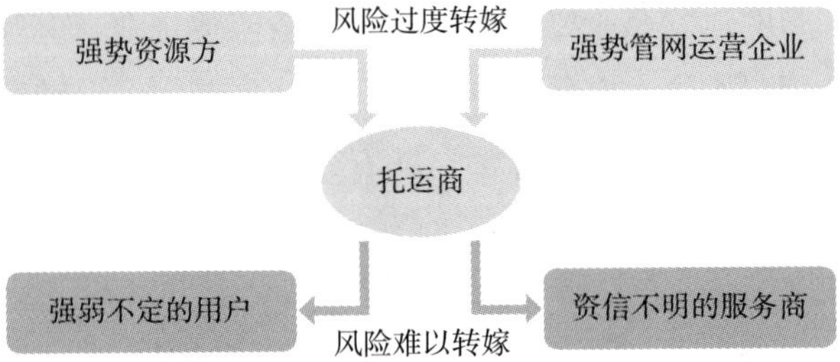

图 7-6　托运商在产业链中的地位

LNG 购销合同中，除了价格、数量方面，托运商在与运营密切相关的计划、交付、不可抗力、责任承担等诸多机制中，均处于相对弱势的地位。

其次，托运商需要面对相对强势的管网运营企业。管网运营企业基于公共利益的属性，无疑在合同机制中占有强势地位，前文已经多有论述，此处不再赘述。

对托运商来说，难以在合同层面上对资源方和管网运营企业实现责任追究；何况这种责任追究，还受到责任限额、宽泛的不可抗力等诸多因素的影响。除了单个合同内蕴含的风险，托运商还需要承担合同不衔接所带来的风险。毕竟在强势的资源方和管网运营企业的夹缝中，托运商话语权有限，即便发现不衔接，也难以通过协商彻底消弭。

再次，托运商所面临的下游用户，除了大型工业用户，其他用户都存在风险或责任承担能力不足问题。事实上，所有民用用户也无法承担风险或责任。一旦出现用户端造成的损失，难以实现追索。

最后，托运商所委托的服务商普遍实力不强，一旦出现因服务商原因发生的运营事故，托运商需要向资源方或管网运营企业承担责任，却难以向服务商主张责任。

综合以上四个方面，托运商在整个产业链中，事实上处于最弱的地位，需要承接资源方和管网运营企业转移过来的风险，却难以向用户或服务商转嫁风险。因此，托运商极易出现较大风险敞口，即便这些风险事件的发生并非托运商的过错。鉴于此，我们建议托运商建立统筹自身合同体系的风险管控体制机制，特别是与天然气管网运营合同相匹配的风险管控体制机制，主要有应急平衡措施、异常处置能力、优先传递风险、识别风险敞口、合理消弭风险。

附　录

与管网运营相关的合同

天然气管道运输服务合同

本天然气管道运输服务合同由下列双方于＊＊年＊＊月＊＊日在＊＊＊签订：

＊＊＊＊＊＊公司，其注册地址位于＊＊，统一社会信用代码：＊＊（以下简称甲方）；

＊＊＊＊＊＊公司，其注册地址位于＊＊，统一社会信用代码：＊＊（以下简称乙方）。

以下甲方、乙方单称为“一方”，合称“双方”。

鉴于：

（1）甲方是＊＊＊＊＊；

（2）乙方是国内最大的天然气管道运输企业，是目前甲方所销售天然气的主要承运企业，承担保障甲方天然气输送需求的责任，愿意为甲方提供长期的天然气输送服务；

（3）根据国家有关部门关于管网公平开放的有关规定，双方希望在符合国家法律法规的前提下，达成长期的天然气输送安排。

因此，双方本着诚信原则，经友好协商达成如下合同：

1　定义与解释

除本合同另有规定外，下列词语和表述在本合同中应当具有如下意义：

本合同指本天然气管道运输主合同和所有附件，以及本合同可能作出的修订、补充和更改。

月指北京时间从上一日历月的最后一天 8：00 起到该日历月末最后一天 8：00 止的时间周期。

输气日指北京时间上一个日历天的 8：00 起到该日历天的 8：00 止的连续 24 小时的时间。

立方米指在 101.325 千帕的绝对压力与 20 摄氏度温度的条件下占一立方米的天然气体积。

天然气管道运输指乙方利用其管网设施向甲方提供的在甲方指定的接入点接收天然气，并根据双方的合同将天然气运送到甲方指定的交付点的，具有保障性、持续性的服务。

管网不平衡指乙方在运营过程中因甲方的履约情况、自身的调度的安排等进气量和下载气量之差超过可接受容忍度的现象。

接入点指乙方管道接收天然气的法兰与其他设备的连接点，或合同双方另行约定的接入天然气的其他地点。

交付点指乙方管道交付天然气的法兰与其他设备的连接点，或合同双方另行约定的交付天然气的其他地点。

签约输送能力指双方在实际运输开始前协商确定的在某一段时间内天然气管道的输送能力。

合理审慎作业者指合同双方在履行本合同过程中，能够勤勉、谨慎、遵守国家法律和法规、国家相关标准和合同；并且其能力、水平和预见力达到人们通常对一个成熟和富有经验的同类业务作业者所合理期望的程度。在相同或类似的行业情况和条件下，具备能够履行承诺所达到的能力和水平。

合同期限指从合同签署生效到合同到期终止的一段时间。

2 合同期限

2.1 本合同自双方授权代表在合同上签字并加盖公司印章后开始生效，持续有效至__年__月__日。双方同意，本合同项下约定的天然气管道运输服务自__年__月__日开始履行。

2.2 本合同期限届满前3个月，双方应协商延续本合同或另行签订管道运输合同，达成第2.1款所述截止期限后的天然气运输安排。如双方无法协商达成一致，则本合同于第2.1款所述截止期限终止。

3 运输气量

3.1 双方一致同意，乙方利用其输送能力保障甲方天然气运输的需要。乙方根据本合同承运的天然气运输气量如附件所示。

3.2 如果甲方希望改变未来年份第3.1款约定的天然气运输气量，应在每年**月底前提出。在乙方综合考虑基础设施剩余能力的情况下，努力满足甲方的调整需求。

3.3 如管输服务开始2个月后甲方累计使用的输送量未超过合同约定对应时段运输气量的**%，则乙方有权按比例缩减甲方剩余各月签约输送气量。

4 输送能力管理

4.1 甲方将提前在合理的时间内按附件格式向乙方提出在各接入点委托乙方输送的年度和月度计划，以及在各管道下载的年度和月度计划。双方通过签订年度确认书的方式或双方同意的其他方式确认上述气量，形成年度签约输送能力和月度签约输送能力。经双方同意，该等气量可在第3.1款或第3.2款基础上进行调整。

4.2 对于合同期内任一月，甲方将在每月开始前向乙方提出在该月各接入点委托乙方输送的天然气量，以及在各管道下载的天然气量，乙方应予以确认，形成月度签约输送能力。经双方同意，经确认的月度签约输送能力可在第4.1款所述月度签约输送能力基础上进行修改。

5 计划与调度

5.1 在每年开始【】日前，甲方应根据年度签约输送能力向乙方报送该年度的分月天然气购销计划（包括各接入点和交付点的接气和下载计划），乙方根据该计划合理编制年度分月天然气管道运输计划，经甲方确认后组织实施。

5.2　在每月开始【】日前，甲方根据经确认的月度签约输送能力，向乙方报送下一月度的分日天然气管输计划（包括各接入点和交付点的接气和下载计划），乙方根据该计划合理编制月度天然气管道运输计划，经甲方确认后组织实施。

5.3　乙方应按照计划向甲方提供管输服务。甲方应尽合理努力保持实际输气量和管输计划相一致。甲方如有超出月度签约输送能力或年度签约输送能力的输气需求可另行与乙方协商。

5.4　任一方如果预计无法按照管输计划提供或接收天然气时，应按诚意原则及时通知另一方，通知需要以书面的方式送达对方，且保证对方代表人签收。该等通知不免除甲乙双方按照本合同约定应承担的违约责任。

6　日指定

6.1　日指定的提交规则包括：

6.1.1　双方确认的管输计划，包括但不限于年度管输计划、月度管输计划，均应被视为原日指定。

6.1.2　甲方未在乙方的日指定周期内提交更改的，乙方有权以甲方提供的前一日日指定或最小周期的原日指定作为甲方最终日指定。

6.1.3　在原日指定日期范围内收到一日或多日的后续日指定时，经乙方确认后，此前的日指定仅在后续日指定标明的日期范围内被取代，原日指定不在后续日指定标明范围之内的则不受影响。

6.1.4　日指定只对未发生的运输产生效力。

6.1.5　对于甲方提交的所有日指定，应细化至资源接入的具体站场和分输用户的具体分输站场，待乙方确认后生效。

6.1.6　在甲方日指定不超过月度计划中对应计划量且不违反本合同其他条款约定的情况下，乙方应按照甲方日指定量输送天然气。

6.1.7　甲方根据用户需求在月度购销计划的基础上适当调整周预测量，编制周计划，并于每周五 15：00 之前向乙方提交下周（周一至周日）用户用气周计划。周计划只作为乙方运行安排参考，不具有约束效应，实际运行仍以日指定为准。

6.2　乙方支持以下标准日指定周期：

6.2.1 日指定周期：在气体运输前一日，甲方在15：00前提出甲方的接入点和交付点日指定，应保持接入和交付平衡；乙方在18：00前确认并发布。

6.2.2 日指定变更：气体运输当日20：00前甲方提出日指定变更，变更应包括接入点和交付点，并保持接入和交付平衡；21：00乙方确认并发布。除经乙方同意，每个接入点和交付点每日只可变更一次日指定，甲方当日所有日指定变更应尽可能一次性集中提交；如遇特殊及应急情况，则由双方协商确定。

6.3 如果出现以下情况，乙方可在告知甲方的前提下调整甲方的日指定：

6.3.1 为保证管道的安全运营，在任一输气日，双方均有义务控制和配合对方控制天然气的流量，使其尽可能等于日指定量，除非由于另一方的责任或者接入点/交付点的压力不符合规定，导致无法对接入点/交付点的天然气流量进行有效控制。在乙方预计甲方实际输气量与日指定偏差较大时，乙方提前通知甲方后可采取控制措施予以调整，由此产生的后果由甲方承担。

6.3.2 由于管道运行的动态连续性，任一方在天然气接入和交付时，实际交付数量会在应交付数量的基础上与日指定量存在一定正向或负向的偏差，即运行操作偏差（接入点和交付点日指定偏差控制标准：日指定量小于30万时，每日接入和交付偏差控制在接入点和交付点日指定量不超过±4%且不超过6000方；日指定量为30万~300万方时，每日接入和交付偏差控制在接入点和交付点日指定量的±2%且不超过3万方；日指定量为300万~1000万方时，每日接入和交付偏差控制在接入点和交付点日指定量的±1%且不超过30万方；日指定量为1000万方以上时，每日接入和交付偏差控制在接入点和交付点日指定量的±1%且不超过100万方。在用气高峰期，原则上避免出现正偏差）。由于技术层面的限制，合理范围内的运行操作偏差可以被接受。

6.4 甲方需遵从乙方要求的提交方式按时提交日指定申请。乙方要求的提交方式包括但不限于指定平台、电子邮件。

6.5 双方可根据实际需要，签署调度运行合同明确双方责任和义务。

7 管网平衡

7.1 甲方应按照合理审慎作业者标准，在向乙方交付的天然气量和自乙方提取的天然气量之间保持管网的平衡。

7.2 管网不平衡偏差总量为乙方在不增加运营成本的前提下，可接受的管网总进气与总销气之间的差值的绝对值。

7.3 管网不平衡容忍度（不平衡气量波动范围）是乙方参考甲方签约输送能力与设计输送能力的比例，向甲方提供的管网不平衡偏差总量。该合同项下甲方允许的当日运行不平衡气量波动范围为甲方最终日指定气量的【】%；甲方允许的累计运行不平衡气量波动范围为该托运商最终日指定气量的【】%。

7.4 当出现管网不平衡时，甲方应尽最大努力配合乙方进行管网平衡调整。当管网不平衡已经或预计将超出乙方可接受的容忍范围，乙方有权要求甲方重新提交日指定，以使管网达到平衡，如果甲方未按照乙方的要求采取行动，乙方可主动调整甲方的接收和交付日指定，并按照调整后的日指定执行并控制。

7.5 自甲方累计不平衡超过不平衡容忍度的当天起，乙方开始收取甲方的管网不平衡罚款。每个管网平衡周期管网不平衡罚款的计算方式为：每个管网平衡周期超出不平衡容忍范围的绝对量，乘以本合同约定平均管输服务费率的【】倍。

7.6 如果甲方在*日内没有对消除不平衡作出回应，则甲方剩余在管输运营商系统中的天然气应由乙方留置，并成为乙方的财产和乙方运营管线的管存气。

8 气体质量管理

8.1 双方约定，甲方在接入点将天然气交付给乙方、乙方在交付点交付给甲方的天然气符合国家标准《天然气》（GB 17820—2018）中所规定的一类天然气标准。

8.2 一旦获悉有不合格的天然气正在或可能在接入点、交付点交付，甲方有义务立即通知乙方，乙方亦有义务立即通知甲方。乙方在接入点、甲方在交付点可自行决定是否接收此天然气。一方如在获悉不合格天然气时未将其选择通知另一方，则视为同意接收不合格天然气。

8.3 如乙方因接收甲方的不合格天然气对乙方或其他托运商造成了损害，则甲方应承担相应的赔偿责任。如甲方因接收由于乙方或其他托运商原因导致的不合格天然气对甲方造成了损害，则乙方应承担相应的赔偿责任。

8.4 双方可协商在交付不合格天然气一方对接收方给予补偿的条件下，接收方同意接收不合格天然气。具体补偿方式由双方另行协商确定。

9 接入点和交付点

9.1 本合同项下接入点位于目前甲方或甲方指定单位实际向乙方天然气管道设施注入天然气的站场，本合同项下交付点位于目前乙方实际从乙方天然气管道设施下载并向甲方或甲方指定单位交付天然气的站场。

9.2 甲方在接入点向乙方交付天然气的压力应满足管道设计文件中对压力的要求，并且能够实现按本合同输送天然气的目的；乙方在交付点向甲方交付天然气的压力应当满足甲方或甲方指定单位管道设计文件中对压力的要求，并且能够实现按本合同输送天然气的目的。

9.3 双方可另行签订补充合同约定未来新增加接入点和交付点事宜。

10 计量

10.1 本合同下天然气按立方米计量。如果国家法规、政策、标准要求采用热值计量，双方应对计量单位进行调整。

10.2 计量设施的设计、安装、运行和维护应符合国家相关标准要求。

10.3 除非双方另行同意，甲方或甲方指定代表负责对接入点的天然气数量和质量进行测量、取样、检测、分析（“计量操作”），乙方负责对交付点的天然气数量和质量进行计量操作，负责代表甲方与甲方指定的用户开展相关计量交接等事务。负责计量操作一方的计量数据将作为结算依据。

10.4 每日上午8：00，双方应准备记录前一日在接入点和交付点所交付的天然气气量的文件（“日交接计量单”），日交接计量单由双方指定人员共同签字盖章。

10.5　负责计量操作一方应定期将计量数据提供给另一方，该方在收到报告后，如有异议，需在90个工作日内以书面的形式提出，否则将视为默认此计量数据。

10.6　负责计量操作一方应按照国家相关法律和法规要求，保存在接入点、交付点进行的全部天然气计量和检测的文件、记录，并允许另一方在有关文件和记录作出之日后的3个月内合理询问和查阅该等文件和记录。

10.7　双方或双方代表应签订计量交接合同，明确计量交接的各项任务、程序和标准，确保在所有接入点和交付点都有计量设施。

11　管道及设备维检修

11.1　在合同存续期内，双方均有权利对本方设施进行维修操作，并且任一方有权在提前通知另一方的情况下，将从事维修操作的期限（“维检修期”）内任一日有义务托运或承运的天然气数量降低到低于日均签约输送能力的水平。

11.2　双方约定，甲乙双方全年总的影响天然气托运或承运的维检修时间不应超过15日，双方应共同努力降低因维修计划而造成运输中断的可能性。

11.3　双方提前制订并向对方提交各自设备的检修计划，并尽最大努力使双方的维修期重合，将双方检修计划对管输运输的影响尽力控制在合理范围内。

11.4　在任一方的维修计划所规定维护操作开始之前的5个工作日，该方应向另一方发出一份书面确认通知。

11.5　若发生设备检修计划的变更，发起计划变更的一方应提前5个工作日将检修计划书面通知对方，双方对变更后的计划认可后方能实施。

11.6　双方应尽量避免不必要的非计划维检修。但如果一方出现作为合理审慎作业者所不能避免或不能克服的突发故障，应及时通知对方。对方应尽合理努力配合以降低影响和损失，但配合方不承担由此给另一方生产运行造成的损失。

11.7 建立维检修期间的沟通协调机制，维检修期间双方应保持工作衔接，确定联系人和沟通渠道，作业方及时向对方通报现场维检修进展情况。

11.8 双方或双方代表可根据需要签订关于设施维检修的合同，明确相关任务、程序和标准等事宜。

12 气体混合权利

12.1 乙方有权将甲方的气体与管道中的其他气体混合。乙方在交付点交付的气体质量由气体运输过程和管道中其他气体混合共同决定，但需符合国家一类气质标准。

12.2 任一方应及时通知对方关于交付气体、接收气体、压力或其他运营条件的预期变化和变化的原因。

12.3 如果甲方下游用户对热值、组分、压力以及上述参数的波动有特殊的要求，甲方应书面通知乙方，乙方应在合理范围内满足甲方下游用户的要求，并在发生或预计发生不符合甲方下游用户要求的情况下及时通知甲方下游用户。

13 计费与结算

13.1 执行发改价核定的天然气管道管输价格，若遇国家政策变化，则按照国家新的政策相应调整。

13.2 本合同项下的管输费按 * 结算。

13.3 双方可根据需要签订计算管输费用和气款结算的相关补充合同。

14 第三方侵权责任

因第三方侵权行为造成天然气管道破坏，致使中断或减量供应，乙方无法按合同约定供气的，乙方应在知道该等侵权行为发生后及时书面通知甲方，立即采取抢修等适当的措施防止损失的扩大，搜集并提供第三方破坏天然气管道的相关证据。第三方侵权责任认定后，乙方有权按照法律规定向第三方索赔因其侵权行为造成的甲方损失，甲方应依法向乙方提供一切必要的协助和手续，包括但不限于根据具体情况及法院要求提供代位求偿手续，或作为共同原告或第三人。在乙方尽到合理审慎管理责任并及时采取必要措施防止损失进一步扩大的情况下，乙方予以免责。由第三方承担的对甲方的损失赔偿应由甲方享有。

15 不可抗力

15.1 不可抗力事件指合同当事人不能预见、不能避免、不能克服的客观情况，包括但不限于地震、水灾、雷击、雪灾等自然事件以及战争、制裁、禁运等超出双方合理控制范围的社会事件或突发重大公共卫生事件。

15.2 由于不可抗力原因，使双方或任何一方不能履行合同义务时，应采取有效措施，尽量避免或减少损失，将损失降到最低程度，并在不可抗力发生后 8 小时内以书面形式通知对方，在其后 3 日内向对方提供有效证明文件。

15.3 因不可抗力致使合同无法按期履行并造成损失，甲乙双方有责任努力减少损失，如因其中一方在应对不可抗力过程中处置不当，或不作为进一步造成对方损失的，应就对方损失扩大的部分承担相应责任。

15.4 甲方在本合同下的付款义务不因不可抗力而受减损。

16 违约责任

16.1 甲方违约的认定：

对于甲方而言，任意以下事件应被认定为“甲方违约”：

a. 甲方对本合同规定的任何付款义务违约；

b. 甲方或其担保人未能提供本合同“信用信息管理”章节要求甲方提供的财务保证或维持财务保证的持续性；

c. 提供不实、遗漏或误导性的甲方陈述和保证，或违反本合同中载列的任何甲方的陈述和义务。

16.2 甲方违约通知：

发生甲方违约时，除乙方的其他权利和补救措施外，乙方可向甲方发出书面通知，以合理的细节信息描述甲方违约，并要求甲方对违约作出补救（“甲方违约通知”）。如果：

a. 甲方的违约行为是其未能根据本合同的规定按时付款，则应就该款项逾期未付的每一天计算利息，直至全额付款为止。该利息按日计算，适用的日利率为届时全国银行间同业拆借中心公布的一年期贷款市场报价利率折算为日利率后上浮 10%。且在收到甲方违约通知后十（10）天内仍未能支付。

b. 甲方的违约行为是其未能遵守本合同“信用信息管理”章节的规定，且在收到甲方违约通知后十（10）天内仍未能补救。

则在任何此类情况下，乙方可书面通知甲方，根据本合同中断向甲方提供服务，如果任何此类甲方违约未能在服务中断后额外的十（10）天内得到补救，则乙方可通过向甲方发出书面通知的形式终止本合同。任何此类合同中断或终止在甲方收到对应的书面通知的时点生效。乙方尽最大努力采取必要措施，最大限度减少其遭受的损失。

16.3 破产和丧失偿债能力：

若甲方或担保方以及本合同所述财务保证的提供者出现以下情况，乙方将有权通过向甲方发出书面通知的方式终止本合同：

a. 自愿提交清算、接管或破产的申请；

b. 被宣判和裁定为清算、破产或丧失偿债能力，且该宣判和裁定是有效且终局的；

c. 经其股东通过决议，使其进入自愿破产管理程序；

d. 被任何有司法管辖权的司法机构作出清算的裁定；

e. 其全部资产或资产中的主要部分已通过一项资产接收安排被第三方接收；

f. 担保方占有其全部或大部分资产，或对其全部或大部分资产进行征收、执行、追缴、扣押或接受其他法律程序，而该担保方在其后十五（15）个工作日内持有该资产，或任何此类法律程序不被解除、释放、暂停或限制；

g. 行政主管机构发布指令导致甲方、担保方或本合同所述财务保证的提供者丧失偿债能力或很可能丧失偿债能力；或

h. 与其债权人订立合并、重建或重组的安排，且上述安排是符合甲方

的债权人、担保方或本合同所述财务保证的提供者的要求而进行的自愿程序。

上述合同终止将在乙方向甲方发出书面通知之日起十（10）天期满后生效，除非在此期限内，甲方向乙方提供符合本合同“信用信息管理”章节规定的财务保证。

16.4　乙方违约的认定：

乙方对本合同规定的任何义务的重大违反和违约，且该重大违反和违约持续存在，将被认定为“乙方违约”，除非该重大违反和违约是由于甲方对本合同规定的甲方义务的违反或违约而导致的。

16.5　乙方违约的通知：

发生乙方违约时，甲方可以向乙方发出书面通知，以合理的细节信息描述乙方违约，并要求乙方对违约作出补救（“乙方违约通知”）。如果乙方在收到描述该违约行为的书面通知后的30日内未能进行补救，或者该违约行为经合理推定在30日内无法被补救（但是如果在乙方收到甲方发出的书面通知时立即开始并尽职实施补救其违约的行为，这种补救行为在更长的时间内合理推定足以完成对违约行为的补救，则不视为无法被补救），则在任何此类情况下，如甲方今后将因此终止合同，甲方需事先通过书面形式告知乙方；若乙方在收到该等书面告知后的10日之内，未能对其违约行为作出补救的，甲方将行使终止合同的权利。待上述10日届满后，如果乙方确实未能作出补救，甲方有权再行向乙方发出终止本合同的书面通知。上述合同终止的时点是乙方收到合同终止书面通知的时点。甲方尽最大努力采取必要措施，最大限度减少其遭受的损失。

16.6　未付款

16.6.1　如任何一方未按期向另一方支付本协议项下的任何应付款项，则应就该款项逾期未付的每一天计算利息，直至全额付款为止。该利息按日计算，适用的日利率为届时全国银行间同业拆借中心公布的一年期贷款市场报价利率折算为日利率后上浮10%。

16.6.2　乙方会将甲方产生的逾期付款利息合并到结算单中。如甲方超过7天仍未付清全部应付款，则乙方有权依据本协议的规定暂停或终止本协议。

16.6.3 如甲方对结算单或发票的任何部分有异议、有争议，仍应按期支付结算单的全部费用，甲方无权因任何争议拒绝履行乙方随后提供的结算周期的账单的支付义务。对于账单或发票的争议部分，甲方应向乙方发出包含详细错误描述的通知和支持文件的副本，待争议解决后，双方同意或另行确定的应由一方支付给另一方的款项和按该期间内全国银行间同业拆借中心公布的一年期贷款市场报价利率折算为日利率后上浮10%并在2个工作日内完成支付。

17 责任限制

除非本合同有任何相反的规定，任何一方均不对另一方及其关联方因本合同而产生的或与本合同相关的一切间接、偶发性或惩罚性损害、收入损失或利润损失负责，无论该等损害或损失是由合同行为还是由侵权行为引发，也无论该等损害或损失是基于过错责任还是严格责任。

不管本合同中是否有与此相反的规定，在中国的适用法规允许的最大范围内，任何一个合同年内乙方因其在本合同项下应履行的一切义务而需向甲方承担的责任不应超过【本合同项下所收取管输费用的百分之三十（30%）】。

18 保密与披露

18.1 除双方另有约定外，在本合同期满或终止后的3年内，任何一方应对由于签订和履行本合同而收到或取得的任何信息保密，不得进行披露或使用（用于履行本合同的目的除外），包括：

18.1.1 本合同或根据本合同订立的任何合同的条款；

18.1.2 与本合同有关的谈判；或

18.1.3 任何与本合同相关的其他人的业务、财务或其他事务信息（包括该人所属集团内的公司业务、财务或其他事务）。

18.2 在下列情况下，在需要适当披露的范围内，任何一方不禁止披露或使用保密信息：

18.2.1 为了履行该方在本合同项下的义务或行使或强制执行其在本合同项下的权利而披露；

18.2.2 对披露一方有司法管辖权的法律、任何管理机构或经公认的任何股票交易的规则或规定或披露一方任何母公司所要求的披露或使用；

18.2.3 因本合同引起的任何法律或仲裁程序所要求的披露或使用，或与披露一方的税务有关的税务机构所合理要求作出的披露；

18.2.4 向一方的董事、雇员、代理或专业顾问披露，或向关联公司或关联公司的董事、雇员或代理，或向需要知道上述信息的一方的贷款人披露，但是披露一方需确保得到披露上述机构或个人对信息按与本合同保密条款规定相同的程度给予保密，并不将信息用于向其披露之目的之外的其他目的；

18.2.5 信息已经为公众获得（违反本合同约定造成的除外）；

18.2.6 另一方已经对信息的披露或使用予以事先书面同意。

19 合同条款定期回顾

在本合同期限内的每一年，经任一方要求，双方将进行一次会晤并根据届时和未来的资源供应情况、市场情况，对本合同条款进行回顾。本着互利双赢的目的，双方应按照诚实信用原则同意对合同条款作必要的调整。

20 合同补充与变更

20.1 本合同中有关未尽事宜或未作明确表述的，由双方协商解决，经双方或双方代表同意以书面形式作出补充合同作为本合同的补充，补充合同与本合同具有同等效力。

20.2 如本合同任何条款不符合监管法规或部门规章，或被监管部门认定违反了监管要求，应立即按监管要求予以纠正和修改。

20.3 在本合同有效期内，双方经协商一致达成书面合同后可以变更本合同。

20.4 为免生歧义，甲乙双方约定合同的履行或事实合同行为，不因甲乙双方各自的合并、重组或分立而无效或产生瑕疵。如发生甲乙双方中的任何一方出现合并、重组或分立时，任何一方提出合同回顾或签订补充合同的，应依照合同约定的方式进行。

20.5 除非本合同另有约定，合同的任何变更必须经双方获得适当授权的代表书面签字并加盖公章或合同专用章后方为有效。

21 合同转让

未经双方事先书面同意，双方不得向任何第三方全部或部分地转让其在本合同项下的权利与义务。

22 适用法律及争议解决

本合同的订立、解释、履行及效力均受中华人民共和国法律管辖。

对本合同执行过程中发生的一切争议，双方应友好协商解决，如协商不能解决，双方提交＊＊＊＊＊＊＊＊仲裁。双方应按照申请仲裁时该会有效的仲裁规则进行仲裁。仲裁裁决为终局裁决，对双方都有约束力。仲裁费用（包括但不限于律师费、仲裁费、鉴定费、交通食宿费和其他仲裁过程中产生的费用）由败诉方承担。

如对任何争议进行仲裁，除争议事项或争议事项所涉及的条款外，双方应继续履行本合同约定下的其他义务。

23 合同执行单位

23.1 甲方应履行或促使其代表履行本合同项下甲方的权利和义务。甲方将促使其代表执行部分日指定和日常运行对接事宜，这些代表包括但不限于：＊＊＊＊。

23.2 乙方应履行或促使其代表履行本合同项下乙方的权利和义务。乙方将促使其代表执行管道生产运行、交接计量、气款结算事宜，这些代表包括但不限于：＊＊＊＊。

23.3 双方同意由＊＊＊＊负责乙方天然气管道集中调度指挥、远程监控操作、日指定确认、维修作业协调和管网运行优化等事宜。

24 通知

24.1 除非另有明确规定，本协议下双方间的所有通知都必须以书面形式作出，由专人、快递邮件、挂号信或传真送至下列约定的该方地址，并出具通知送达的书面确认书。口头通知不构成本协议中的通知。尽管有前述规定，日指定的通知除采用前述方式外还可以采用由双方指定的代表以电子邮件发出通知。

24.2　本协议项下发出的通知，在下列情形下应当被视为送达：

24.2.1　以专人、快递邮件、挂号信发出的，应当在受送达人收到的当天或在送达人发出后的第三天被视为已送达。如果收到或发出后的第三天当日不是工作日，或如果是工作日已结束营业之后，则在下一个工作日被视为已送达。

24.2.2　以传真发出的，应当在受送达人收到的当天或送达人发出后的一天被视为已送达。如果收到或发出后的第三天当日不是工作日，或如果是工作日已结束营业之后，则在下一个工作日被视为已送达。

24.2.3　以电子邮件发出的，在发送人的邮件系统确认电子邮件发送至收件人的邮件接收系统后的当天被视为送达。

24.2.4　以下通信地址、通信电话、负责人发生变化的，变化方有义务在变化后的3个工作日内通知对方，若因未通知对方信息变更而产生责任，责任由负有通知义务方自负。

24.3　甲方：

地址：

收件人：

电话：

传真：

电子邮件：

24.4　乙方：

地址：

收件人：

电话：

传真：

电子邮件：

25 其他

25.1 本合同在执行过程中，如遇国家进行有关政策法规调整或出台新规定，调整后的政策法规与本合同中的相关条款不相符时，由双方进行协商订立书面补充合同。

25.2 本合同的任何条款被认定为无效、非法或不可执行，本合同中其余条款的有效性、合法性或可执行性并不以任何方式受到影响或削弱。

25.3 本合同未尽事宜，由双方另行协商约定。

25.4 本合同一式 * * 份，双方各执 * * 份，每份具有同等法律效力。

液化天然气接收站使用合同

前　言

本液化天然气接收站使用合同（下称“本合同”）于【】年【】月【】日（下称“生效日”）由以下双方签署：

（1）【】，一家根据中国法律组建的公司，其统一社会信用代码为【】，其注册地址为【】（下称“接收站使用方”）；

（2）【】，一家根据中国法律组建的公司，其统一社会信用代码为【】，其注册地址为【】（下称“接收站公司”）。

接收站使用方和接收站公司在本合同中可以各称为“一方”，合称为“双方”。

鉴于：

（1）接收站公司拥有并经营LNG（液化天然气）接收站设施，该等设施能提供一定LNG接收服务，其中包括LNG船停泊，LNG的卸载/返装、接收及储存，LNG的气化，LNG槽车的装车以及将天然气和LNG交付至交气点。

（2）接收站使用方（ⅰ）已与LNG供应商签署了液化天然气供应合同，并与下游用户签署了天然气销售合同，根据前述合同接收站使用方将购买LNG，并将LNG和/或将之汽化后的天然气出售给下游用户；（ⅱ）愿意根据本合同的条款从接收站公司获得LNG接收站的某些服务，从而使其能交付和接收该等LNG和天然气。

（3）接收站公司同意根据本合同的条款向接收站使用方提供LNG服务。

据此，经公平友好协商，接收站公司和接收站使用方特此达成如下合同条款，以兹共同遵守：

第 1 条
定义

1.1 定义

除非本合同中另有明确规定，本合同中使用的下列词语含义如下：

实际卸载时间	按照本合同第 8.7.2 条规定计算的实际卸载时间
不利天气条件	指足以造成下列任一情况的恶劣天气和/或海况：（ⅰ）根据港口或接收站公司颁布的当时有效的规章制度中规定的天气标准或根据港口管理机构命令或决定，该等天气和/或海况将会延误或妨碍 LNG 船（不论是在到达 LNG 交付点之前还是之后）停泊、卸载或离泊；或（ⅱ）导致 LNG 船的船长实际认定在该等天气和/或海况下该船靠泊、停泊、卸载或离泊是不安全的
关联方	指直接或间接控制一方、被一方控制或与一方共同受他人控制的人（该一方除外）。此处所称的“控制”“被控制”及其他派生词语的含义是指直接或间接拥有某一方 50%或以上的股权或表决权
合同	指本液化天然气接收站使用合同
允许的卸载时间	指本合同第 8.7.1 条所规定的允许卸载时间
年度计划	指接收站公司根据本合同第 6.1 条发出的年度计划
适用法规	指中国或其他任何相关管辖区的政府机构颁布或发布的任何有关的国家、省、市或地方法律、规章、规定、判决、命令、法令、禁制令或批准及其一切解释
批准	指从政府机构获得的或向政府机构办理的一切同意、授权、许可、豁免、允许、批准、申报及其他类似的文件（包括其任何附带条件）
到达窗口	就本合同安排交付的货物而言，是指在年度计划和/或最新的滚动接收计划中规定的某船货物计划抵达引航员登轮点并发出准备就绪通知的那一天的 00：00 开始的二十四（24）小时
工作日	指除星期六、星期日（按规定调休的除外）或中国的法定节假日以外的任何日子
公历月	指公历的任何一个月
货物	指 LNG 船为接收站使用方或任何其他接收站使用方卸载或计划卸载于 LNG 接收站设施的一定数量的 LNG
货物信息通知	指接收站使用方根据本合同第 8.4（a）条规定发出的包含附件四规定的内容的通知
货物未能接收事件	具有本合同第 13.5.1 条所规定的含义

续表

审批程序	指由接收站公司根据本合同第8.2条对计划用于交付本协议项下液化天然气的LNG船的批准程序
使用条件	具有本合同第8.3.1条所规定的含义
保密信息	任何一方在签订及履行本合同过程中所获知的一切信息，包括但不限于本合同以及商业、财务和技术信息，未经另一方书面同意的，该等信息很明显具有保密性质
合同月	指一个合同年内的各个公历月（或其一部分）
合同年	指基本期限内除下列情况以外的从1月1日开始至12月31日结束的每个一年期间：(ⅰ) 第一个合同年从合同起始日开始至当年的12月31日结束；(ⅱ) 最后一个合同年从当年的1月1日开始至基本期限最后一天结束
立方米或 m^3	气体体积的计量单位，指与每边都是1米的立方体的体积相等的体积。本合同所指立方米均指标准立方米（压力101.325千帕、温度20摄氏度情况下）
中断供气条件	具有本合同第15.1条所规定的含义
滞期费	具有本合同第8.7.3条所规定的含义
下游用户	指向接收站使用方购买天然气或LNG的人
财产负担	指任何抵押、质押、留置、抵销权或反诉权、转让限制、购买或期权合同、所有权、作为抵押的转让、担保权益、所有权保留、优先权或信托安排或其他任何具有担保作用的担保合同或安排
财产负担索赔	具有本合同第9.2.1条所规定的含义
预计到达时间	指LNG船预计到达引航员登轮点的时间
超额短缺天然气	具有本合同第13.3.2条所规定的含义
预计交付量	就根据本合同应交付的某一船货物而言，是指年度计划和/或最新的滚动接收计划中规定的该船货物计划卸载到LNG接收站设施的LNG数量
延长期	指自基本期限结束之日的次日起算的，接收站使用方用于提取基本期限结束后剩余接收站使用方库存的期限。该期限的具体长短应由接收站公司在不迟于基本期限结束前三（3）日书面通知接收站使用方
不可抗力	按照本合同第14.1条规定的含义
天然气	指呈气体状态、主要包含甲烷的任何碳氢化合物或碳氢化合物的混合物，包括再气化LNG
供气日	指上一个公历日的8：00起至公历日的8：00止
交气点	是指接收站公司将天然气或LNG交付给接收站使用方的点，具体在本合同附件六中约定
天然气销售合同	指接收站使用方与各下游用户签署的各份天然气或LNG销售合同，根据该等合同接收站使用方将利用LNG服务向下游用户出售天然气或LNG

续表

天然气规格	指本合同第10.3条中列出的交付给接收站使用方、其他接收站使用方的天然气的规格
供气周	指期限内除下列情况外的每一个星期一的8：00至下一个星期一的8：00（星期一被视为一个供气周的第一天）：（ⅰ）就第一个供气周而言，指起始日的8：00至下一个星期一的8：00；（ⅱ）就最后一个供气周而言，指距期限内最后一日最近的一个星期一的8：00至期限内最后一日次日的8：00
接收站公司	具有本合同前言所规定的含义
吉焦（GJ）	指10亿（1000000000）焦耳
政府机构	就任何国家而言，是指对一方、LNG接收站设施、LNG服务、LNG船或本合同有管辖权的任何国家、省、市或地方政府或任何政府的部门、局、所、委员会、法院、仲裁机构、官员、下属分支机构、法庭或其他机构或部门（包括任何海关、海事、边检管理机构、港口管理机构或准政府机构）
高热值	指在20摄氏度的温度、绝对压力1.01325巴（或本合同中规定的其他条件）下在1标准立方米理想干气的过量空气中完全燃烧产生的以每立方米兆焦计的热量，燃烧前空气和天然气处于同一温度和压力，燃烧后将燃烧产物冷却至20摄氏度，然后再将燃烧产生的水凝结成液态，且燃烧产物中所包含的水蒸气的总量与燃烧前天然气和空气中包含的水蒸气总量相同
国际LNG接收站标准	指与本合同的明确要求不冲突、由下列任何机构或组织制定的适用于LNG的接收和再气化站的设计、建造、设备、运行和维护的标准和惯例：（ⅰ）国际液化气船及码头经营者协会；（ⅱ）其他国际公认的非政府机构或组织，其制定的标准和惯例通常会被LNG接收和再气化站的合理审慎的作业者遵守；和（ⅲ）对接收站公司有行政主管权的政府机构。如果上述机构或组织制定的标准或惯例之间有冲突，则以上述罗马数字编号中最小的那个机构或组织制定的标准或惯例为准
国际LNG船标准	指与本合同的明确要求不冲突、由下列任何机构或组织制定的适用于LNG船的拥有、设计、建造、设备、运行和维护的国际标准和惯例：（ⅰ）国际海事组织；（ⅱ）有关的船级社；（ⅲ）国际液化气船及码头经营者协会；（ⅳ）石油公司国际海事论坛；和（ⅴ）其他国际公认的非政府机构或组织，其制定的标准和惯例通常会被LNG船的合理审慎的作业者遵守。如果上述机构或组织制定的标准或惯例之间有冲突，则以上述罗马数字编号中最小的那个机构或组织制定的标准或方法为准
焦耳	指国际单位制中定义的能量单位
责任	指（ⅰ）一切责任、开支、索赔、争议、要求、诉讼、仲裁、法律或行政程序、判决、损害赔偿、损失和费用（包括合理的律师费及其他合理的仲裁、诉讼或辩护费用）；以及（ⅱ）政府机构的一切罚款、处罚与派缴费用或应向政府机构承担的责任
液体	指液态碳氢化合物，主要包含甲烷、乙烷、丙烷、丁烷及长链碳氢化合物（或指LNG接收站设施可从LNG提取的液态碳氢化合物，主要包含乙烷、丙烷、丁烷及长链碳氢化合物）。

续表

液化天然气（LNG）	指处于其沸点或沸点以下、约一个大气压条件下的液态的天然气，主要由甲烷组成，组分可能含有少量的乙烷、丙烷、氮或通常存在于天然气中的其他组分
LNG 年计划交付量	指根据本合同第 6 条确定的接收站使用方计划在某一个合同年里在接收站公司卸载的 LNG 量
LNG 未能交付事件	具有本合同第 13.4 条规定的含义
LNG 交付点	LNG 接收站设施的接收管线的法兰与 LNG 船上的 LNG 卸货总管的法兰的连接点
LNG 服务	具有本合同第 3.1 条规定的含义
LNG 规格	具有本合同第 9.4 条规定的含义
LNG 供应商	指向接收站使用方供应和出售 LNG 的人
液化天然气供应合同	指接收站使用方与 LNG 供应商签署的各份 LNG 供应和销售合同，LNG 供应商根据该等合同向接收站使用方供应和出售 LNG
LNG 接收站设施	指接收站公司所拥有并营运，用于提供 LNG 服务的设备和设施。接收站公司的设施详情见附件二
LNG 船	指接收站使用方或其他接收站使用方用于将 LNG 运至 LNG 接收站设施、适于运输 LNG 的远洋船舶
LNG 货物	指本合同在年度计划或滚动接收计划中规定的或接收站使用方根据本合同其他条款指定的 LNG 量
装载港	指液化天然气供应合同中规定的装载港
船长	是指受承运人雇用或聘用，主管 LNG 船上一切事务的人或其正式授权的代表
最大日提气量	指本合同附件六中规定的接收站使用方在一个供气日里于某一个交气点被允许提取的天然气或 LNG 的最大数量
兆焦	指一百万（1000000）焦耳
收款通知书	具有本合同第 11.1.1 条所规定的含义
通知	具有本合同第 22 条所规定的含义
准备就绪通知	具有本合同第 8.5.1 条规定的含义
不合格天然气	指交付于交气点的不符合本合同约定的天然气规格的天然气或 LNG
不合格 LNG	具有本合同第 9.5.1 条所规定的含义
其他用户	指其他接收站使用方通过 LNG 接收站设施向其供应或拟向其供应 LNG 和/或天然气的人
其他收款通知书	具有本合同第 11.2 条所规定的含义
其他接收站使用方	指从接收站公司获得 LNG 接收站服务的相关方（接收站使用方除外）
双方或一方	具有本合同前言所规定的含义

续表

逾期利率	指相当于全国银行间同业拆借中心公布的一年期贷款市场报价利率之百分之一百五十（150%）的利率
人	指任何个人、公司、合伙企业、信托、非法人机构或其他法律实体，包括任何政府机构
引航员	指受承运人聘用登上 LNG 船协助船长为该 LNG 船引航、停泊及起锚的任何人
引航员登轮点	由各港口海事管理部门指定的用于引航员登上 LNG 船的一片特定海域
港口	指 LNG 接收站设施所在的港口
港口费用	指 LNG 船进出港口须支付的任何性质的一切费用（包括任何种类的使用费和服务费），包括但不限于港口建设费、货物港务费、港口设施保安费、停泊费及消防船、拖船、带缆艇与护航船、监护船、政府机构、引航员以及其他协助 LNG 船进出港口的人收取的一切费用
中国	指中华人民共和国
基本期限	具有本合同第 2.1 条规定的含义
交付量	指根据本合同附件五确定的接收站使用方的一艘 LNG 船交付的液化天然气的数量
合理审慎的作业者	指欲诚信地履行其合同义务的人，在其履行该等义务的过程中，其表现出的技能、勤勉、审慎及预见水平达到了人们合理和通常期望的、一个成熟及富有经验的同类业务的作业者在遵守一切适用法规的前提下以及在同样或相似的情况或条件下能够达到的程度
合理努力	指一方在当时的情况下应诚信地采取合理可能的行动，但不包括采取有合理可能会使该方遭受严重损失、费用或风险或对其造成严重干扰或不利影响的行动
再气化 LNG	指将 LNG 从液体状态变为气体状态得到的天然气
人民币	指中国的法定货币：元
短缺天然气	具有本合同第 13.3.1 条所规定的含义
短缺天然气费	具有本合同第 13.3.2 条所规定的含义
SIGTTO	指国际液化气船及码头经营者协会
滚动接收计划	指接收站公司根据本合同第 6.2.1 条发出的为期 3 个月的 LNG 货物接收计划
起始日	具有本合同第 2.2 条所规定的含义
税金和费用	指因为 LNG 服务而需缴付的增值税及增值税附加税以及政府机构在本合同签署日后因适用法规发生变化而可能对 LNG 服务征收的适用税费的任何增加额及一切新征收的适用税费
期限	具有本合同第 2.1 条规定的含义
接收站规章制度	具有本合同第 8.3.2 条所规定的含义

续表

接收站要求	具有本合同附件三所规定的内容
接收站使用方	具有本合同前言所规定的含义
接收站使用方银行保函	按照本合同第 11. 7. 1 条所规定的含义
接收站使用方库存	指根据本合同第 9. 1. 1 条确定的接收站公司代为保管的接收站使用方的 LNG 或天然气的数量（以吉焦计）
LNG 自然损耗率	双方同意：（ⅰ）就存储期小于等于 60 天的 LNG 而言，LNG 自然损耗率为 0. 3%；（ⅱ）就存储期大于等于 60 天的 LNG 而言，每增加 30 天 LNG 自然损耗率递增 0. 1%
接收站使用方的 LNG	指接收站使用方根据液化天然气供应合同向 LNG 供应商购买的并在 LNG 交付点交付的 LNG
接收站使用方的 LNG 船	指接收站使用方根据本合同的条款用于将 LNG 交付至 LNG 接收站设施的 LNG 船
终止事件	具有本合同第 17. 2. 1 条所规定的含义
承运人	指拥有或营运 LNG 船的任何人
短提气量	具有本合同第 13. 2. 2 条所规定的含义
单位服务费率	指附件一中规定的 LNG 服务费率，以元/立方米（不含税）为单位
结算周期	具有本合同第 11. 1. 1 条所规定的含义
年服务合同量	指接收站使用方和接收站公司约定的并在附件一中列明的在每一个合同年中接收站使用方应使用且接收站公司应提供的 LNG 服务量
实际使用量	对某一个合同年而言，指接收站使用方通过接收站公司提供的 LNG 服务实际提取的天然气和 LNG 量
年指定量	就某一个合同年而言，指接收站使用方根据本合同第 6 条和本合同附件七第 2. 1 款指定的计划在该合同年内提取的天然气或 LNG 数量
预测月指定量	就某一个合同月而言，指接收站使用方根据本合同第 6 条和本合同附件七第 2. 1 款指定的计划在该合同月内提取的天然气或 LNG 数量。为避免歧义，每一个交气点的预测月指定量总和应等于年指定量
年提取量	就某一个合同年而言，指接收站公司根据本合同第 6 条和本合同附件七第 2. 2 款批准的接收站使用方计划在该合同年内提取的天然气或 LNG 数量
同意预测月指定量	就某一个合同月而言，指接收站公司根据本合同第 6 条和本合同附件七第 2. 2 款批准的接收站使用方在该合同月内计划在某一个交气点提取的天然气或 LNG 数量
月指定量	就某一个合同月而言，指接收站使用方根据本合同附件七第 3. 1 款指定的计划在该合同月内在某一个交气点提取的天然气或 LNG 数量

续表

预测周指定量	就某一个供气周而言，指接收站使用方根据本合同附件七第3.1款指定的计划在该供气周内在某一个交气点提取的天然气或LNG数量。为避免歧义，每一个交气点的预测周指定量总和应等于该交气点的月指定量
月提取量	就某一个合同月而言，指接收站公司根据本合同附件七第3.2款批准的在该合同月内接收站使用方有义务在某一个交气点提取的天然气或LNG数量
同意预测周指定量	就某一个供气周而言，指接收站公司根据本合同附件七第3.2款批准的接收站使用方在该供气周内计划在某一个交气点提取的天然气或LNG数量
周指定量	就某一个供气周而言，指接收站使用方根据本合同附件七第4.1款指定的计划在某一个交气点提取的天然气或LNG数量
预测日指定量	就某一个供气日而言，指接收站使用方根据本合同附件七第4.1款指定的计划在某一个交气点提取的天然气或LNG数量。为避免歧义，每一个交气点的预测日指定量总和应等于该交气点的周指定量
周提取量	就某一个供气周而言，指接收站公司根据本合同附件七第4.2款批准的在该供气周内接收站使用方的在某一个交气点有义务提取的天然气或LNG数量
同意预测日指定量	就某一个供气日而言，指接收站公司根据本合同附件七第4.2款批准的接收站使用方在某一个交气点计划提取的天然气或LNG数量
日指定量	就某一个供气日而言，指接收站使用方根据本合同附件七第5.1款指定的计划在某一个交气点提取的天然气或LNG数量
日提取量	就某一个供气日而言，指接收站公司根据本合同附件七第5.2款批准的接收站使用方在某一个交气点有义务提取的天然气或LNG数量

1.2　解释规则

1.2.1　除非本合同另有规定，压力或气压均为表压。

1.2.2　本合同中文文本中定义的词语均用黑体字表示。

1.2.3　用于本合同中的标题仅为阅读方便而设，不应理解为有任何实质含义。

1.2.4　除非上下文另有要求，用于本合同附件中的“款”应理解为指该附件中的某款（及项和段），而“条”则应理解为指本合同中的某条。

1.2.5　“包括”一词应指包括但不对这个词前面的描述的普遍性加以任何限制。

1.2.6　除非另有说明或定义，本合同中所称的“日”“月”“季”和

“年”分别指公历年的日、月、季和年。

1.2.7 除非上下文另有要求，本合同中所称的法定规定是指不时修订或重新制定的或根据其他法定规定不时修改过的该项规定，且包括以后根据相关法令制定的法规。

第2条
期限

2.1 期限

本合同的期限（下称“期限”）包括基本期限和延长期（如适用）。“基本期限”从生效日开始至以下日期中较早达到的一个：

（a）【】年【】月【】日；或

（b）年度计划和/或滚动接收计划中的每一船货物均已交付，且接收站使用方库存为零（0）的供气日；或

（c）根据本合同的规定确定的更早的一个结束日期。

2.2 起始日

LNG服务的起始日为【】年【】月【】日。

2.3 延长期或续签

本合同基本期限届满前3个月，双方可以协商延续本合同或另行签订液化天然气接收站使用合同，达成第2.1款所述截止期限后的相关安排。如双方无法协商达成一致，则本合同于第2.1款所述期限终止。

第3条
服务与范围

3.1 接收站公司提供的服务

在期限内，接收站公司将根据本合同的规定按下列方式向接收站使用方提供下列服务（下称“LNG服务”）：

（a）让接收站使用方的LNG船停泊在LNG接收站设施；

（b）在LNG交付点从接收站使用方的LNG船上卸载并接收接收站使用方的LNG；

(c) 储存接收站使用方库存；

(d) 计划和分配接收站使用方的天然气和 LNG 交付；

(e) 将接收站使用方库存再气化；

(f) 将天然气和 LNG 运输并交付至交气点；以及

(g) 本合同其他条款可能规定的其他服务。

期限内经双方同意，接收站公司可向接收站使用方提供其他服务或代为办理有关事项。

第 4 条
提供服务

4.1 提供服务

4.1.1 接收站公司将在期限内根据本合同的条款向接收站使用方提供 LNG 服务。

4.1.2 接收站公司同意作为合理审慎的作业者尽合理努力，根据本合同的条款计划和分配交付给接收站使用方的天然气和 LNG，从而协助接收站使用方履行其在天然气销售合同项下承担的该等计划和分配义务，但该等服务不视为接收站公司代接收站使用方履行其在天然气销售合同项下对下游用户的供气义务，接收站使用方就前述合同项下对下游用户的供气义务和责任与接收站公司无关。

4.1.3 如接收站使用方在年服务合同量之外要求接收站公司提供额外的 LNG 服务，接收站公司可自行决定是否提供额外的 LNG 服务，有关的服务费用由双方参照本合同的相关约定另行协商确定。

4.2 付款

接收站使用方应根据本合同的条款使用 LNG 服务，并为全额该等 LNG 服务付款。

第 5 条
服务的报酬

5.1 接收站使用方应支付的款项

接收站使用方在任一结算周期应向接收站公司支付的作为 LNG 服务费

用的金额（“结算周期服务费”）等于单位服务费率与接收站公司在该结算周期内实际交付给接收站使用方的天然气和 LNG 的数量（以立方米为单位计算）的乘积。

5.2 液化天然气年保底量

5.2.1 液化天然气年保底量

双方同意，就任一合同年而言，即便接收站使用方实际并未使用，接收站使用方仍有义务向接收站公司支付液化天然气年保底量对应的 LNG 服务费用。

某一个合同年的液化天然气年保底量指该合同年的年服务合同量减去：

（a）接收站使用方因不可抗力未能按计划交付的液化天然气的数量，前提是接收站使用方应能够出具充足的支持性文件证明该等不可抗力事件；

（b）因货物未能接收事件未能接收的液化天然气的数量；

（c）因接收站公司（无论是否由于不可抗力）未能按照本合同约定提供一定数量天然气或液化天然气而导致接收站使用方未能提取到的天然气或液化天然气的数量；

（d）接收站使用方因天然气或液化天然气不合格而根据本合同第 10.4 条相关约定拒绝接收的天然气或液化天然气的数量。

得出的数量，再乘以百分之九十（90%）。

5.2.2 照付不议金额

如果在一个合同年中接收站使用方的实际使用量小于根据本合同第 5.2.1 条计算得出的液化天然气保底量，接收站使用方应就液化天然气年保底量与实际使用量之差（“照付不议量”）向接收站公司支付一笔款项（“照付不议金额”），其金额为照付不议量乘以单位服务费率所得出的金额。

某一个合同年的照付不议金额应包含在下一个合同年第一个合同月包含的某一个结算周期的收款通知书中。接收站公司应在该收款通知书中列明接收站使用方在上一个合同年的年服务合同量、液化天然气年保底量、实际使用量、照付不议量、照付不议金额等支持性材料。接收站使用方应按照本合同规定向接收站公司全额支付照付不议金额。

5.3 税金和费用

本合同以不含税价格作为依据进行约定，接收站公司和接收站使用方应承担适用法规规定的各自应承担的税金和费用。

第6条
接收 LNG 的计划安排

6.1 年度计划

双方同意根据下列规定或者附件十安排在 LNG 交付点接收 LNG 货物。

6.1.1 初步信息

接收站使用方应不迟于每一合同年开始前的 10 月 15 日（就本合同项下第一个合同年而言，指本合同生效日后的 5 日内）向接收站公司提供该合同年的下列信息：

（a）一份预计的天然气和 LNG 提取计划，该计划应列出接收站使用方在该合同年的每一个交气点的年指定量和预测月指定量。

（b）双方约定的 LNG 计划交付量，或接收站使用方预计的 LNG 年计划交付量，此数量（ⅰ）应小于年服务合同量；（ⅱ）加上接收站使用方在该合同年开始时的 LNG 库存后，应大于接收站使用方在所有交气点的年指定量总和。

（c）接收站使用方希望在每个合同月在接收站公司卸载的 LNG 数量、LNG 货物的船数，所有合同月计划卸载的 LNG 货物的数量总和应基本等于 LNG 年计划交付量。接收站使用方应保证本合同年每个合同月在接收站公司卸载的 LNG 数量的总和基本等于 LNG 年计划交付量。

（d）每船 LNG 货物的预计交付量。

（e）每船 LNG 货物的 LNG 的预计热值。

6.1.2 月交付量计划

在与接收站使用方以及其他接收站使用方商讨之后，接收站公司将在不迟于每一合同年开始前的 11 月 1 日向接收站使用方发出一份不具有约束力的月交付量计划，列出预计在该合同年的每一个合同月中接收站使用方所有的，可交付的 LNG 的数量及 LNG 货物的船数、预计到达窗口。

6.1.3　交换信息

接收站公司根据第 6.1.2 条的规定发出月交付量计划后，接收站公司将与接收站使用方进一步商讨下一个合同年和第一个合同年（如适用）内货物的交付计划。每一方将不时向另一方提供其可能掌握的与下一个合同年和第一个合同年（如适用）的 LNG 卸载计划、天然气和 LNG 提取计划的制订有关的信息，对接收站使用方而言，则包括每一船货物的 LNG 船名称、LNG 船的容积、预计到达日期、预计卸载量、装载港、LNG 货物热值、LNG 船滞期费以及其他接收站公司要求提供的信息（如有）。接收站公司将根据其自身运营情况、年度检维修计划以及其他接收站使用方的计划安排情况不时向接收站使用方反馈其认为可行的接收站使用方的 LNG 船货计划和天然气/LNG 提取计划。

6.1.4　年度计划

接收站公司应不迟于每年的 12 月 5 日（就第一个合同年而言，为本合同生效日后的 15 日内）向接收站使用方发出下一个合同年和第一个合同年（如适用）的年度计划。

该年度计划应包含根据本合同的条款计划接收的每一船货物的下列信息（前提是接收站使用方提供了相关信息）：

（a）接收站公司颁布的接收站使用方的 LNG 年计划交付量。

（b）接收站公司颁布的接收站使用方在每一个交气点的年提取量和同意预测月指定量。

（c）接收站公司颁布的计划在下一个合同年和第一个合同年（如适用）接收的接收站使用方的每一船货物的下列信息（前提是接收站使用方提供了相关信息）：

（ⅰ）预计到达窗口；

（ⅱ）预计交付量；

（ⅲ）预计 LNG 船的名称和滞期费率（如有）；

（ⅳ）预定的装载日期（如有）；

（ⅴ）接收站公司合理认定有必要注明的其他信息。

6.2　滚动接收计划

6.2.1　滚动接收计划

接收站公司将在每个合同月的二十五（25）日之前向接收站使用方发出一份为期3个月的LNG货物滚动交付计划（下称“滚动接收计划”），该计划将取代以前的滚动接收计划以及年度计划中涉及相同时段的计划，并应反映需对年度计划所做的任何修改。接收站公司可根据生产需要修改滚动接收计划和年度计划。

6.2.2　预计交付量的修改

如果接收站使用方意识到任何一船货物中的LNG的估计卸载数量将与滚动接收计划中规定的该船货物的预计交付量之间存在较大差异，接收站使用方应立即通知接收站公司，该通知中应包括接收站使用方对拟交付的LNG的实际数量的估计。如果接收站使用方估计的数量超过了预计交付量，则接收站公司没有义务卸载任何超过预计交付量的LNG。

6.2.3　年度计划或滚动接收计划的其他修改

发出年度计划或任何相关的滚动接收计划以后：

（a）接收站公司有权根据LNG接收站设施的情况对年度计划和滚动接收计划进行修改，接收站使用方应配合该等修改。

（b）接收站使用方有权根据其下游用户的天然气和LNG提取情况或LNG供应安排的情况向接收站公司提出对年度计划或滚动接收计划修改的要求，接收站公司应尽合理努力满足该等要求。

年度计划和/或滚动接收计划修改后，接收站公司将发出一份能反映该等修改的年度计划和/或滚动接收计划。如果因上述修改需对下游用户的天然气交付计划作合理的修改，则接收站公司还有权根据附件七的规定对下游用户的天然气和LNG提取计划作出修改。

第7条
LNG接收站设施与LNG船适配

7.1　LNG接收站设施与LNG船的适配

接收站使用方应确保其每一艘LNG船均完全符合接收站要求并完全与

LNG 接收站设施匹配，且所有政府机构均同意其在 LNG 接收站设施停泊，对此接收站公司不承担任何费用；如果一艘 LNG 船与 LNG 接收站设施不匹配、不符合第 8 条的规定或任何政府机构不同意其停泊，则在接收站使用方对这艘 LNG 船进行改造以使其达到上述各项要求前不应使用这艘 LNG 船，接收站公司有权拒绝该 LNG 船的停泊及卸载，且无须承担任何责任。

7.2　对 LNG 接收站设施的检查

自起始日起，在事先向接收站公司发出通知并获得接收站公司的书面同意后，接收站使用方或 LNG 供应商可指定合理数目的代表对 LNG 接收站设施的运行情况进行检查，这样的检查应于工作日进行。接收站使用方应承担该等检查所涉及的风险或可能发生的费用。接收站使用方指定的代表在进行该等检查时不应干扰或妨碍 LNG 接收站设施安全有效运行。接收站使用方对 LNG 接收站设施进行检查的权利仅限于核查接收站公司是否遵守了其在本合同项下承担的义务。接收站使用方在本合同项下对 LNG 接收站设施进行的任何检查（或未进行该等检查）或接收站使用方或其代表因该等检查而向接收站公司提出的任何要求或发表的任何意见（ⅰ）均不应变更或修改接收站公司在本合同项下承担的义务或作出的陈述、保证或承诺；（ⅱ）也不意味着接收站使用方认可接收站公司在本合同项下的表现或不再要求接收站公司履行其在本合同项下承担的义务。

第 8 条
运输与卸货

8.1　LNG 船

8.1.1　接收站使用方的义务

接收站使用方应负责将 LNG 从装载港运至 LNG 接收站设施。接收站使用方应确保其每一艘 LNG 船在各方面均符合本合同第 7 条和第 8 条的要求。如非因接收站公司的原因导致 LNG 船给接收站公司造成损失，则由接收站使用方承担全部赔偿责任。

8.1.2　批准和文件

每一艘接收站使用方的 LNG 船均应符合政府机构的规定并获得政府机

构要求的所有批准，以使其能进入和离开 LNG 接收站设施并在 LNG 接收站设施完成一切所需的作业。每一艘接收站使用方的 LNG 船均应随时在船上保存能证明其已获得所需的一切批准的有效文件，并将该等有效文件在该 LNG 船到达之前 5 个工作日内提供一套副本给接收站公司。

8.1.3　港口服务与港口费用

接收站使用方应聘用引航员以及政府机构所要求的数目和类型的拖船、消防船、护航船和带缆艇为其 LNG 船完成护航、系缆以及监护船为其 LNG 船停靠泊位时进行安全监护，以使其能在位于其到达和离开 LNG 接收站设施的通道上的海上安全区内安全且有效地航行。接收站使用方应负责与 LNG 船进出港有关的港口服务，并支付与之有关的一切港口费用。

8.1.4　对 LNG 船的要求

每一艘接收站使用方的 LNG 船均应符合下列各项条件：

（a）符合接收站要求并与 LNG 接收站设施匹配，除非接收站公司另行书面同意。

（b）是根据一切适用的国际 LNG 船标准建造并持有能证明其符合该等标准的一切有效文件。

（c）在任何时候都应在美国船级社（American Bureau of Shipping）、劳埃德船级社（Lloyd's Register for Shipping）、挪威船级社（Det Norske Veritas）、日本船级社、中国船级社或双方一致认可的其他任何船级社保持船级。

（d）其设计、装备和人员配备应能使其在 LNG 交付点的 LNG 压力为零点四（0.5）兆帕时以约等于或大于每小时一万（12000）立方米的速度（在不超过审慎的操作条件的情况下）安全可靠地卸载 LNG。

（e）其人员配备、操作和修理均应采用安全的方法，并按照一个信誉良好的称职经营者的标准使其处于良好的工作状态，船舶管理人在过去两年中根据石油公司国际海事论坛（OCIMF）公布的“油轮管理与自评指南”进行的一次自评结果说明船舶达到了上述要求，并经独立机构核实；船舶的经营者和全体船员均应具有适当的资格并接受过操作 LNG 船的培训，参与船舶靠离泊及货物装卸作业的船员均应能用英语交流。

（f）其建造应符合船旗国及其将经过的任何国家的适用法规以及适用

于港口和LNG接收站设施的要求，包括但不限于环境保护要求以及有关适航性、污染、设计、安全、航行、操作及类似的技术和操作事项的要求，其操作和维护也应时时符合上述一切要求。

（g）具有并维持符合一切有关的国际LNG船标准的规格和特点。

（h）其维护和操作应符合一切国际LNG船标准，且其维护和操作的方式应能使LNG供应商履行其在液化天然气供应合同项下的义务。

（ⅰ）已经获得并符合其将进入或经过的任何国家和中国的领水并在其中航行、靠岸卸载货物、驶离LNG接收站设施、港口及上述领水所需的一切批准。

（j）具有（ⅰ）石油公司国际海事论坛（OCIMF）在最近六个月内为其签发的一份最新的“船舶检验报告”，其中没有记载船舶的重大缺陷；（ⅱ）向有关机构提交的一份港口状态控制记录，其中没有报告存在尚未处理的缺陷；以及（ⅲ）一份事故报告，其中没有报告任何尚未进行充分调查并采取相应行动的重大事故。

8.2　LNG船的检查、批准和拒绝权

8.2.1　LNG船的指定、检查和审查

（a）双方应尽合理努力在起始日前商定审批程序，并尽早为合理数量的LNG船办理审批程序。

（b）接收站使用方应在下列规定时间向接收站公司指定其拟用于将LNG交付至LNG接收站设施的LNG船：

（ⅰ）对于接收站公司在到达窗口前12个月内已根据审批程序接收的LNG船或接收站公司已根据审批程序确认匹配的LNG船，最晚在到达窗口前四十五（45）天；或

（ⅱ）对于其他一切LNG船来说，在不迟于（最新的滚动接收计划中预定的）到达窗口发生的那个合同月开始前六十（60）天。

双方同意，如果接收站使用方要求在上述规定的期限后指定LNG船，则接收站公司将尽合理努力满足接收站使用方的该等要求。

（c）根据（b）款作出的指定应包括下列内容：

（ⅰ）LNG船的名称以及有关该船的尺寸、规格、经营者和船主的较详细的信息；

（ⅱ）装载港；

（ⅲ）LNG 船预计从装载港启程的日期；

（ⅳ）预计到达 LNG 接收站设施的日期；

（ⅴ）将交付的 LNG 的估计数量；

（ⅵ）已填写的船/岸兼容表；

（ⅶ）如果此前尚未确认 LNG 船与 LNG 接收站设施匹配，则应提供接收站使用方或承运人为了评估 LNG 船与 LNG 接收站设施的匹配性而进行的系泊力分析（OPTIMOOR）结果；

（ⅷ）确认 LNG 船符合第 8.1.4（j）条规定的确认书；

（ⅸ）已购买第 12.2.6 条中提及的保险的证明；

（ⅹ）最新的船舶参数问卷表；以及

（ⅺ）接收站公司为了完成审批程序合理要求的其他信息。

（d）办理审批程序的过程中，接收站公司及其指定的代表可随时检查接收站使用方拟使用的任何一艘 LNG 船。接收站使用方应尽合理努力使承运人允许接收站公司及其指定的代表能为了进行检查而进入每一艘 LNG 船。如果接收站公司未能进入某一艘 LNG 船，则接收站公司有权拒绝检批该船。接收站公司进行的检查不应对 LNG 船的运作或计划安排产生重大的妨碍。

（e）接收站公司在收到接收站使用方根据上述（b）款发出的通知以及（c）款中规定的一切信息后将尽早［不迟于其后十（10）个工作日］完成指定船舶的审批程序，并立即将审批程序的结果通知接收站使用方。在 LNG 船靠泊前，接收站公司有权通知接收站使用方对其指定的 LNG 船进行登船检查，LNG 船应积极配合该等检查；如 LNG 船不符合接收站公司的要求，则接收站公司有权拒绝该 LNG 船停泊和卸载，且无须承担任何责任。

（f）作为审批程序的一部分，接收站公司有权不时检查接收站使用方的船舶管理程序。如果接收站公司要进行该等检查，则应提前适当时间通知接收站使用方，接收站使用方无正当理由不得拒绝该等检查。

（g）如果接收站公司有合理理由认为根据审批程序一艘 LNG 船将不会再获得批准或因其他原因不符合本合同的规定，则接收站公司可撤销以前对该 LNG 船的批准。

（h）如果接收站公司根据本合同的规定未批准一艘 LNG 船或撤销了

对一艘 LNG 船的批准，则接收站公司将没有责任为接收站使用方或其他任何人承担由此直接或间接产生的任何费用。接收站公司批准或不批准接收站使用方拟使用的一艘 LNG 船（包括接收站公司以前已经批准的任何 LNG 船）不应减轻接收站使用方、承运人、船长或其他任何人就该船及其运作应对接收站公司承担的责任，也不应增加接收站公司就该船及其运作应对接收站使用方或其他任何人承担的义务或责任。

8.2.2　拒绝权

（a）接收站公司可拒绝未根据本合同项下的审批程序获得批准或以前虽获得过本合同项下的批准但其批准已根据本合同的规定撤销的任何接收站使用方的 LNG 船停泊或卸载。

（b）如果任何接收站使用方的 LNG 船以前虽获得过本合同项下的批准，但（接收站公司有合理理由认为）在其到达 LNG 接收站设施之前或之时存在下列任何一种情况，则接收站公司仍可拒绝让该船停泊或卸载：

（ⅰ）根据审批程序将不会再获得批准或因其他原因不符合本合同的规定；或

（ⅱ）可能会对 LNG 接收站设施、其本身或使用该等设施的其他 LNG 船的安全、环境和操作造成严重风险。

（c）如果接收站公司根据本合同的规定拒绝一艘 LNG 船在 LNG 接收站设施停泊，则接收站公司将没有责任为接收站使用方或其他任何人承担由此直接或间接产生的任何费用。

（d）接收站公司拒绝接收站使用方拟使用的任何一艘 LNG 船（包括接收站公司以前已经批准的任何 LNG 船）在 LNG 接收站设施停泊或卸载不应减轻接收站使用方、承运人、船长或其他任何人就该船及其运作应对接收站公司承担的责任，也不应增加接收站公司就该船及其运作应对接收站使用方、承运人或其他任何人承担的义务或责任。

（e）接收站公司应作为合理审慎的作业者行使其在第 8.2.2 条项下的权利。

8.3　使用条件与接收站规章制度

8.3.1　使用条件

生效日后，接收站公司应尽快制定并向接收站使用方提供一份 LNG 接收站设施最新的使用条件（接收站公司可不时对其进行修改，下称“使用条件”）。这些使用条件应：

（ⅰ）适用于停泊在 LNG 接收站设施的每一艘 LNG 船；且

（ⅱ）在任何 LNG 船使用 LNG 接收站设施前由船长签字，和/或以其他方式使这些使用条件对 LNG 船的承运人或租船人具有约束力。

8.3.2　接收站规章制度

生效日后，接收站公司应制定并向接收站使用方提供接收站规则与港口信息手册（以下合称“接收站规章制度”）。接收站公司保留解释及修改接收站规章制度的权利，但是接收站规章制度及其解释和修改不得与国际 LNG 接收站标准冲突。如果接收站公司进行该等解释及修改，将立即告知接收站使用方。接收站使用方及其任何 LNG 船均应遵守接收站规章制度。如果接收站规章制度中的规定与本合同规定有冲突，则以本合同的规定为准。

8.4　LNG 船通知

对于本合同项下交付的每一船 LNG，接收站使用方应用书面函件或电子邮件向接收站公司发出下列通知或敦促船长发出下列通知：

（a）第一份通知，该通知应在 LNG 船驶离装载港后立即发出，并应载明预计到达时间、装载完成的时间和日期、LNG 船装载的 LNG 的数量以及可能影响该船在 LNG 接收站设施的运作的任何操作缺陷，包括货物信息通知；

（b）第二份通知，该通知应在当时有效的预计到达时间前七（7）天发出，并确认或修改该预计到达时间，如果该通知发出后其中所载的预计到达时间发生了超过三（3）小时的变化，应随后立即发一份修改预计到达时间的通知；

（c）第三份通知，该通知应在当时有效的预计到达时间前五（5）天发出，并确认或修改该预计到达时间，如果该通知发出后其中所载的预计到达时间发生了超过三（3）小时的变化，应随后立即发一份修改预计到达时间的通知；

（d）第四份通知，该通知应在当时有效的预计到达时间前九十六（96）小时发出，并确认或修改该预计到达时间，如果该通知发出后其中所载的预计到达时间发生了超过一（1）小时的变化，应随后立即发一份修改预计到达时间的通知；

（e）第五份通知，该通知应在当时有效的预计到达时间前七十二（72）小时发出，并确认或修改该预计到达时间，如果该通知发出后其中所载的预计到达时间发生了超过一（1）小时的变化，应随后立即发一份修改预计到达时间的通知；

（f）第六份通知，该通知应在当时有效的预计到达时间前四十八（48）小时发出，并确认或修改该预计到达时间，如果该通知发出后其中所载的预计到达时间发生任何变化，应随后立即发一份修改预计到达时间的通知；

（g）第七份通知，该通知应在当时有效的预计到达时间前二十四（24）小时发出，并确认或修改该预计到达时间，如果该通知发出后其中所载的预计到达时间发生了任何变化，应随后立即发一份修改预计到达时间的通知；

（h）准备就绪通知，应在第 8.5 条中规定的时间发出。

8.5　准备就绪通知

8.5.1　发通知

接收站使用方的 LNG 船到达港口的引航员登轮点或常规锚地时，LNG 船船长或其代理应通知接收站公司，该 LNG 船已准备好靠泊和卸载 LNG（准备就绪通知）（下称“准备就绪通知”）。

8.6　泊位的指定

8.6.1　一般规则

在遵守第 8.6 条其他规定的前提下，在准备就绪通知发出后接收站公司应尽合理努力促使接收站使用方的 LNG 船安全、迅速地停泊在接收站公司指定的泊位上，并与这艘 LNG 船配合，协助其停泊。如果接收站使用方的 LNG 船到达时因任何原因未做好卸载的准备，则接收站公司可拒绝其停泊。

8.6.2　停泊顺序

接收站公司有权决定每一艘 LNG 船的停泊顺序，以使其顺序能符合 LNG 接收站设施的总体卸载安排，并在收到准备就绪通知后尽早将每一艘

LNG 船的停泊顺序通知其船长。

8.6.3 其他晚到的船舶

在遵守第 8.6.2 条规定的前提下，如果某一艘接收站使用方的 LNG 船在其到达窗口结束四十八（48）小时后有效发出了准备就绪通知，则接收站公司将尽合理努力让该 LNG 船停泊，以使其能卸载货物，条件是该 LNG 船的卸载不会严重影响接收站公司让其他接收站使用方的 LNG 船在其到达窗口内停泊并卸载的能力，否则接收站公司有权拒绝该晚到的 LNG 船停泊及卸载。

8.7 卸载时间

8.7.1 允许的卸载时间

任一艘接收站使用方的 LNG 船允许的卸载时间（下称“允许的卸载时间”）为四十八（48）小时，但可以在下列情况下延长：

（a）非因接收站公司原因造成的延长；

（b）不利天气条件；

（c）不可抗力；

（d）潮汐条件限制；

（e）夜间通行限制；

（f）第 8.9 条和第 8.10 条中所述的情况。

为避免疑义，接收站公司有权因上述（a）款至（e）款所述的任何原因推迟任一接收站使用方的 LNG 船的停泊。

8.7.2 实际卸载时间

任一艘接收站使用方的 LNG 船的实际卸载时间（下称“实际卸载时间”）将从下列较早的一个时间开始计算：（ⅰ）如 LNG 船在到达窗口到达该卸货港的引航站或常规锚地，发出准备就绪通知书后十二（12）小时；（ⅱ）如 LNG 船在到达窗口前到达该卸货港的引航站或常规锚地，则为到达窗口当地时间 12：00 与 LNG 船在泊位“全部系妥”的时间中的较早者；或（ⅲ）如 LNG 船在到达窗口之后到达卸货港的引航站或常规锚地，则从 LNG 船在泊位“全部系妥”开始。实际卸载时间应持续至该 LNG 船的液相卸料臂与 LNG 接收站设施的液相卸料臂断开时。

8.7.3　滞期

（a）如果实际卸载时间超过允许的卸载时间（包括根据第 8.7.1 条所作的任何延长），则接收站公司应向接收站使用方支付一笔滞期费（下称“滞期费”）作为约定补偿金。该滞期费为：

（ⅰ）实际卸载时间超过允许的卸载时间的小时数（包括小数部分）乘以（ⅱ）接收站使用方因滞期的接收站使用方的 LNG 船而实际支付给 LNG 供应商的滞期费率或 LNG 船的实际租金（转换成人民币/小时。接收站使用方应在提交给接收站公司制订年度计划的文件中标明每一艘接收站使用方的 LNG 船的滞期费率；如果在提交给接收站公司制订年度计划的文件中未标明 LNG 船，则接收站使用方应在指定 LNG 船时标明。

（b）接收站使用方应在有关的滞期发生之日后的三十（30）日内向接收站公司开具滞期费的收款通知书。该收款通知书应根据第 11 条的规定付款。接收站使用方应在收取滞期费时向接收站公司提供滞期费率或 LNG 船的实际租金的证明材料。如果接收站使用方未能及时为滞期费开具有充分文件支持的收款通知书，则接收站公司将没有义务支付该滞期费。

8.8　接收站卸载

接收站公司将作为合理审慎的作业者与承运人（或其代理人）及每一艘接收站使用方的 LNG 船的船长配合，以使本合同项下的 LNG 能不间断和有效率地交付。

8.9　更换泊位

接收站公司有权作为合理审慎的作业者因任何原因指示任一艘接收站使用方的 LNG 船更换或离开泊位。如果因非接收站公司的原因接收站公司决定让接收站使用方的 LNG 船更换或离开泊位，则接收站使用方将负责支付因此而发生的任何费用，且因为该更换而损失的卸载时间将会相应增加允许的卸载时间。

8.10　未做好卸载准备的 LNG 船及停泊超时

8.10.1　未做好卸载准备的 LNG 船

如果原来认为已做好卸载准备的接收站使用方的 LNG 船在停泊以后被认定为未做好准备，不论当时是否有其他 LNG 船在等待停泊，接收站公司可指示该船的船长离开泊位驶向锚地。当上述停泊在锚地的接收站使用方的LNG船做好卸载准备时，接收站使用方应敦促该船的船长通知接收站公司。接收站使用方应负责支付接收站公司因该等LNG船未做好卸载准备而发生的任何实际费用，因此而延迟的卸载时间应相应增加允许的卸载时间。

8.10.2 泊位超时占用

（a）接收站使用方的LNG船应尽快完成卸载驶离泊位［最晚应不迟于在泊位停稳后三十六（36）小时］，因下列原因可延长：

（ⅰ）可归咎于接收站公司的原因；

（ⅱ）不利天气条件；

（ⅲ）潮汐条件限制；

（ⅳ）归因于引航员或政府机构的原因；

（ⅴ）不可抗力；以及

（ⅵ）夜间通行限制。

（b）如果任何接收站使用方的LNG船未能在根据上述（a）款确定的允许的停泊时间结束时或完成卸载后驶离泊位，接收站公司可指示该LNG船驶离泊位并以最快的速度驶向海上。接收站使用方应负责支付因该船的上述调动及其后的重新停泊而发生的任何费用，因此而延迟的卸载时间应相应增加允许的卸载时间。

（c）如果任何接收站使用方的LNG船未能根据第8.10条的规定驶离泊位，则接收站使用方应补偿接收站公司因此而受到的合理的损失，包括但不限于因其他接收站使用方的LNG船滞期、损失的时间、超额蒸发而需支付的款项以及接收站公司因此额外发生的任何成本。

（d）如果任何接收站使用方的LNG船未能根据第8.10条的规定驶离泊位，且接收站使用方未采取行动使其驶离泊位，则接收站公司可令其驶离泊位，且所产生的任何费用由接收站使用方承担。

（e）接收站公司应尽合理努力满足接收站使用方延长其LNG船卸载时间或因其他原因需继续停在泊位上的合理要求，条件是接收站使用方应根据第8.10.2（c）条的规定向接收站公司支付补偿款。

8.11 货物的取消

如果因非接收站公司原因致使实际卸载时间超过允许的卸载时间的三十六（36）小时，且LNG供应商根据液化天然气供应合同行使取消其余货物交付的权利，则接收站使用方可在不影响其其他权利或救济措施（如果有）的情况下自行决定要求终止在 LNG 接收站设施的卸载并使该 LNG 船驶离泊位，同时需向接收站公司支付由此产生的合理的费用。

第 9 条
LNG 的接收

9.1　所有权、保管和受损风险

9.1.1　接收站使用方库存

即使在接收站使用方库存由接收站公司持有和控制期间，接收站使用方仍享有接收站使用方库存的所有权，接收站使用方承担接收站使用方库存的受损风险。

9.1.2　保管和控制权

接收站使用方库存的保管和控制权将在越过 LNG 交付点时从接收站使用方转移至接收站公司。

9.2　保证

9.2.1　接收站使用方向接收站公司保证，接收站使用方对所有接收站使用方的 LNG 拥有所有权，接收站使用方的 LNG 及接收站使用方的库存现在和将来都没有任何财产负担和责任，除了单纯仅由接收站公司的相关行为导致的财产负担和责任外，亦不会存在任何会产生与该等 LNG 有关的财产负担和责任的情况或其他任何争议（以下合称“财产负担索赔”）。接收站使用方同意，非因接收站公司原因导致的与接收站使用方的 LNG 有关的财产负担索赔，接收站使用方将以自身名义处理该等财产索赔负担事宜（包括但不限于可能发生的诉讼/仲裁程序），并赔偿由此给接收站公司或其关联方造成的全部损失和费用；若接收站公司或其关联方被迫卷入前述财产索赔负担纠纷中，接收站使用方应当为接收站公司及其关联方充分进行抗辩支持及协助，并赔偿由此给接收站公司及其关联方造成的全部损失和费用，包括因此引起的诉讼、仲裁等费用。

9.2.2　接收站公司陈述，其有权将上述非因接收站公司的作为或不作为造成任何财产负担索赔的天然气和 LNG 根据本合同在交气点交给接收站使用方，由此发生的全部费用由接收站使用方承担。接收站公司同意，如果单纯仅因接收站公司的作为或不作为给接收站使用方库存造成任何财产负担索赔，接收站公司将为接收站使用方及其关联方充分进行辩护并按照接收站公司的责任程度承担相应的赔偿数额。

9.3 LNG 的接收

在 LNG 交付点从接收站使用方的 LNG 船上接收 LNG 将根据接收站规章制度中的规定由 LNG 船上的泵和其他设备完成。

9.4 接收站使用方的 LNG 的质量

接收站使用方的 LNG 将根据本合同附件五的规定进行计量和检测。接收站公司将根据该等程序对交付的 LNG 及回流的蒸发气进行计量和取样。接收站使用方应确保本合同项下在 LNG 交付点交付的所有 LNG 均符合下列规格（下称“LNG 规格”）：

9.4.1 高热值范围

【】兆焦/立方米与【】兆焦/立方米之间，总热值是根据国际标准化组织的 6976/95 标准、计量参比条件（0℃；1.01325bar）、燃烧参比条件（20℃；1.01925bar）、真实气体计算出来的。

9.4.2 组分

（a）接收站使用方交付给接收站公司的 LNG 处于气体状态时，甲烷（CH_4）的含量不应低于【】%（【】mol%），LNG 所包含的下列组分和物质的比例不应超过：

（i）氮（N_2），【】mol%；

（ii）乙烷（C_2H_6），【】mol%；

（iii）丙烷（C_3H_8），【】mol%；

（iv）丁烷（C_4H_{10}），【】mol%；

（v）戊烷（C_5H_{12}）及重烃，【】mol%；

（vi）硫化氢（H_2S），【】mg/Nm^3；

（vii）总含硫量不超过【】mg/Nm^3；

（viii）硫醇的含量不超过【】mg/Nm^3；以及

（ix）汞（Hg）的含量不超过【】mg/Sm^3。

（b）LNG 处于液态时的密度和温度不会对接收站公司正常生产运行产生不利影响。

（c）接收站使用方交付给接收站公司的 LNG 不应包含实质性水分、活性细菌或细菌介质（包括减少细菌的硫酸盐或产生细菌的酸）或其他污染物或外来物质。

9.5　不合格 LNG

9.5.1　如果接收站公司有合理理由相信接收任何一船不符合 LNG 规格的 LNG（下称“不合格 LNG”）有可能给 LNG 接收站设施造成损害或操作困难或使再气化 LNG 不符合本合同约定的天然气规格或 LNG 规格，则在不影响接收站公司在本合同项下享有的其他权利和可采取的其他救济措施的情况下，接收站公司可根据第 9.5 条的规定拒收该船货物的全部或部分，且不用承担任何费用或责任。

9.5.2　对于任何不合格 LNG：

（a）接收站使用方一旦获悉计划交付的任何一船货物中包含或将包含不合格 LNG 后应立即通知接收站公司。

（b）在收到上述通知后的四十八（48）小时内，接收站公司有权接收或拒收受影响货物的全部（如果已开始卸载，则为受影响的货物的剩余部分）。

（c）如果接收站公司拒收该等不合格 LNG，接收站使用方将被视为根据第 13.4 条发生了 LNG 未能交付事件。

（d）如果接收站公司决定接收该等不合格 LNG，接收站使用方应承担接收站公司下列因接收不合格 LNG 而发生的一切责任，并赔偿由此可能给接收站公司造成的全部损失，包括：

（ⅰ）接收、处理或处置该等不合格 LNG（对该等不合格 LNG 的接收、处理或处置应根据合理审慎的作业者的标准进行）；以及

（ⅱ）一切第三方索赔，包括下游用户、其他用户的索赔。

9.5.3　非持续的弃权

接收站公司在任何时候接收不合格 LNG 不应妨碍其在将来拒收不合格 LNG。接收站公司在任何时候放弃针对任何 LNG 规格的权利并不意味着接收站公司以后也放弃对不符合任何 LNG 规格追索的权利，不论不合格的情

况的性质是相似还是不同。

9.6 接收站使用方库存

9.6.1 在任何一个供气日结束时接收站使用方库存应为：

（a）前一个供气日结束时［以吉焦计，起始日的接收站使用方库存为零（0）］；加上

（b）接收站使用方在该供气日交付至LNG接收站设施的LNG数量（如果有）（以吉焦计）；再减去

（c）在该供气日在交气点交付给接收站使用方的天然气和LNG的数量总和除以（1-LNG自然损耗率）得出的数量（以吉焦计）；再减去

（d）在该供气日根据第10.1.2（b）条视为已交付给接收站使用方的或由接收站公司在该供气日根据第9.6.5（c）条、第10.4.4条和第13.2.2（b）条处置的天然气和LNG的数量（以吉焦计）。

9.6.2 接收站使用方每一次将货物交付至LNG接收站设施时，该船货物应在完全卸载的供气日计入接收站使用方库存。

9.6.3 除本合同另行约定或双方另行协商达成一致外，就接收站使用方库存而言，接收站使用方只对根据第10条的规定交付的或根据本合同条款销售的数量等于接收站使用方库存的天然气和/或LNG享有权利。在接收站使用方承诺后续补足库存且缴纳保证金的情况下（保证金具体金额由接收站公司决定），接收站公司可同意接收站使用方在接收站使用方库存为零（0）的情况下继续自接收站公司提取天然气和/或LNG。

（a）保证金

接收站使用方应在本合同生效之日起五（5）个工作日内将首期保证金以电子转账方式汇到接收站公司指定的账户上，首期保证金额至少为连续两（2）个结算周期预提气量与【】元/立方米的乘积。如果资源或市场情况发生变化，接收站公司有权对保证金的金额予以调整（具体金额由接收站公司确定）。

接收站公司应在连续两（2）个结算周期结束的五（5）日前，通知接收站使用方预付下一连续两（2）个结算周期的保证金（具体金额由接收站公司确定），接收站使用方应在上一连续两（2）个结算周期结束之日前向接收站公司预付下一连续两（2）个结算周期的保证金［原保证金有节

余的应补齐下一连续两（2）个结算周期的保证金］。若接收站使用方未能及时预付下一连续两（2）个结算周期的保证金，则接收站公司有权停止LNG 服务，由此带来的一切后果，由接收站使用方自行承担。

接收站公司应在接收站使用方补足接收站使用方库存（交付 LNG 船货并归还预提气量）的情况下向接收站使用方退回保证金。如接收站使用方自首次提气之日起三（3）个连续自然月内或在接收站公司通知的期限内未能交付预提气量，则接收站公司有权不予退回接收站使用方预付的保证金，由此产生的一切后果，由接收站使用方自行承担。

（b）预提气量的补回

本合同约定的接收站使用方已累计提取的属于其他接收站使用方库存的那部分液化天然气（下称“预提气量”）应交付给接收站公司的时间限制为自首次提气之日起三（3）个连续自然月内。如接收站公司接卸 LNG 储罐空间不足，暂时无法接卸 LNG，则以接收站公司另行通知的时间为准。如接收站使用方自首次提气之日起三（3）个连续自然月内或在接收站公司通知的期限内未补足预提气量，则接收站公司有权立即停止 LNG 服务以及与接收站使用方的一切合作关系，由此带来的一切后果，由接收站使用方自行承担。

9.6.4　接收站公司将向接收站使用方提供其合理要求的相关数据，以便于其确定任何时间点接收站使用方库存的数量。

9.6.5　接收站使用方剩余库存的处理

（a）如果接收站使用方库存在基本期限结束时是正数，则接收站使用方应在延长期内将全部接收站使用方库存提取完毕。

（b）本合同的期限根据第 9.6.5 条的规定延长，只是为了使接收站公司能根据本合同计划交付接收站使用方库存，并使接收站使用方能根据本合同的规定提取接收站使用方库存。接收站公司将在延长期内按合理的比例为交付接收站使用方库存作出计划并在相关的交气点将接收站使用方库存交付给接收站使用方。

（c）如果接收站使用方库存在延长期结束时仍是正数，则接收站公司有权处置该等接收站使用方库存。

（d）接收站公司和接收站使用方各自应尽合理努力将接收站使用方库

存在基本期限和延长期结束时的数值减小至最低限度。

第 10 条
天然气的交付

10.1 一般规定

10.1.1 时间安排与指定

本合同项下交付天然气和 LNG 的所有计划和指定均按照附件七或者附件十的规定进行。

10.1.2 天然气的交付

（a）在遵守本合同其他规定的前提下，（ⅰ）在每一个供气日，接收站公司应在有关的交气点将该供气日的日提取量的天然气或 LNG 交付给接收站使用方；（ⅱ）接收站使用方应确保在相关的交气点提取上述天然气或 LNG。

（b）只要接收站公司在有关交气点准备好交付给接收站使用方在该供气日的日提取量的天然气或 LNG，则不论接收站使用方是否实际提取了该等天然气或 LNG，接收站公司应被视为已完成了第 10.1.2 条的规定义务。

10.1.3 混合气源

接收站使用方确认并同意，接收站使用方的 LNG 将与其他接收站使用方交付至 LNG 接收站设施的 LNG 混合在一起，接收站公司交付至交气点的天然气或 LNG 将与交付给其他接收站使用方或其他用户的天然气或 LNG 混合在一起。接收站使用方进一步确认并同意，只要交气点的混合天然气或 LNG 符合天然气规格，接收站使用方就无权要求接收与接收站使用方的 LNG 的质量相同的天然气或 LNG。

10.1.4 天然气的分配

如果接收站公司在某一个交气点同时向接收站使用方和其他接收站使用方交付天然气，则接收站使用方在相关的交气点接收的天然气总量中的一部分，应视为该接收站使用方在本合同项下所接收的天然气，其具体数量应按接收站使用方在该交气点的该供气日的日提取量与其他接收站使用方在该交气点的该供气日的日提取量（或与此类似的量）的总和之比来计算。

10.1.5　保管与控制权

接收站公司在本合同项下交付的天然气和LNG的保管与控制权将在有关的交气点转移给接收站使用方。

10.2　接收站使用方的责任

10.2.1　下游安排

接收站使用方应负责签订天然气销售合同。

10.2.2　限制

接收站使用方应确保第10.2.1条中提及的下游安排符合一切适用法规。

10.3　天然气和LNG的规格

接收站公司应确保为接收站使用方交付至交气点的所有天然气和/或LNG（再气化时）符合下列规格：

（a）在输送压力下，烃露点低于【】摄氏度；

（b）在输送压力下，水露点低于【】摄氏度；

（c）温度为15摄氏度、绝对压力为101.325千帕时每立方米总含硫量不超过【】毫克；

（d）温度为15摄氏度、绝对压力为101.325千帕时每立方米硫化氢含量不超过【】毫克；

（e）甲烷含量不低于【】mol%；

（f）温度为20摄氏度、绝对压力为101.325千帕时高热值每立方米不低于【】兆焦（MJ）且不高于【】兆焦（MJ）；

（g）温度为0摄氏度、绝对压力为101.325千帕时华泊指数每立方米不低于【】兆焦（MJ）且不高于【】兆焦（MJ）；

（h）在交气点的压力为【】兆帕至【】兆帕，温度为【】摄氏度至【】摄氏度；以及

（i）不得包含数量足以影响接收站使用方正常接收或使用该天然气或LNG的固体杂质。

10.4　不合格天然气

10.4.1　通知

接收站公司一旦获悉在某个交气点正在或可能会交付不合格天然气或

存在可能会导致交付不合格天然气的情况后应立即向接收站使用方发出通知。一旦接收站使用方获悉在某个交气点正在或可能会交付不合格天然气或存在可能会导致交付不合格天然气的情况，接收站使用方应立即向接收站公司发出通知。

10.4.2 接收或拒收

（a）如在接到接收站公司发出的通知后，接收站使用方未在两（2）小时内予以回应，则将被视为已同意接收该不合格天然气。

（b）接收站使用方应尽合理努力接收不合格天然气。

10.4.3 补救措施

（a）如果接收站使用方同意接收不合格天然气（接收站使用方需提供相应的鉴定材料证明该等天然气不符合接收站使用方所需要的天然气规格），且该不合格天然气是由接收站公司原因导致的，接收站使用方应同时通知接收站公司接收该等不合格天然气要求的赔偿金额：

（i）若接收站公司确认同意接收站使用方要求的赔偿金额，该等不合格天然气应被接收站使用方接收；

（ii）若接收站公司不同意接收站使用方要求的赔偿金额，则接收站使用方可拒收该等不合格天然气，则接收站公司将被视为未交付该等不合格天然气，在此种情况下应适用第13.3条的规定，且在根据第9.6条的规定计算接收站使用方库存时该等不合格天然气不应视为已交付。

（b）尽管有上述（a）款的规定：

（i）如果接收站公司交付至接收站使用方的不合格天然气非因接收站公司原因导致（例如是由接收站使用方在本合同项下交付的不合格LNG引起的），接收站公司就无须向接收站使用方承担第10.4条规定的任何责任；且

（ii）如果任何短缺天然气是由于接收站使用方拒收非因接收站公司原因导致的不合格天然气，则接收站公司无须就该等短缺天然气向接收站使用方承担第13.3条规定的任何责任。

10.4.4 处理权

如果接收站使用方决定拒收非因接收站公司原因导致的任何不合格天然气，接收站公司有权处置该等不合格天然气。

10.5 天然气的计量

接收站公司在本合同项下交付的天然气的数量和质量将根据附件八的规定来确定。

第11条
付款

11.1 收款通知书

11.1.1 每个结算周期结束后，接收站公司应尽早将一份收款通知书送达接收站使用方，列出该结算周期应支付的款项（下称“收款通知书”）。

双方同意，结算周期为一个【供气周或合同月】（可由接收站使用方自行选择周结或月结）。

11.1.2 收款通知书项下应支付的款项包括：

（a）根据本合同第5.1条计算的结算周期服务费；

（b）根据本合同第5.2条计算的照付不议金额（若有）。

11.1.3 下列各项付款金额（如有）将从收款通知书项下应支付的金额中扣除（此处金额的扣除是为了方便双方银行款项的往来操作，并不影响双方各自应开具的票据及其金额）：

（a）接收站公司在该合同月应支付的任何短缺天然气费；

（b）根据本合同第13.2.2条和第13.4条计算的可用于抵冲结算周期服务费的任何有关抵冲额；以及

（c）根据第11.1.4条的规定确定的前一个合同月的任何金额。

11.1.4 如果从第11.1.2条中确定的金额中扣除了第11.1.3条中规定的金额后结果是负数，则这个负数将根据第11.1.3（c）条的规定作为可抵冲额结转至下一个收款通知书中。

11.2 其他收款通知书

一方可将本合同项下发生应支付而在第11.1条中却没有说明的任何款项的收款通知书连同有关的支持性文件（下称“其他收款通知书”）送达另一方。

11.3 付款

11.3.1 预付款

本合同生效后，接收站使用方应在 LNG 服务的起始日前五（5）个工作日将首期预付款以电子转账方式汇到接收站公司指定的账户上，首期预付款金额至少为两（2）个结算周期对应的结算周期服务费预估费用的总和。

接收站公司应在一个结算周期结束的五（5）日前，通知接收站使用方预付下一结算周期的结算周期服务费（具体金额由接收站公司确定），接收站使用方应在上一个结算周期结束之日前向接收站公司预付下一结算周期的结算周期服务费（原预付款有节余的应补齐下一结算周期的结算周期服务费）。若接收站使用方未能及时预付下一结算周期的结算周期服务费，则接收站公司有权停止 LNG 服务，由此带来的一切后果，由接收站使用方自行承担。

11.3.2 每个结算周期的收款通知书或其他收款通知书项下应支付的款项应于收款通知书或其他收款通知书送达后三（3）个工作日内全额支付。

11.3.3 应通过电汇将款项汇至收款通知书或其他收款通知书中指定的账户上。

11.3.4 收款的一方收到其他收款通知书项下的款项后应向付款的一方出具适用的税务发票。

11.4 逾期付款

11.4.1 如果一方未能根据第 11.3 条的规定及时全额支付收款通知书或其他收款通知书项下应支付的任何款项，则应按本合同约定的逾期利率为未付款项支付从到期之日至实际支付之日的利息。

11.4.2 如果（ⅰ）接收站公司送达的收款通知书项下应支付的款项中的任何部分在到期日未支付，且在收到接收站公司的有关通知后的第四（4）个工作日仍未支付；且（ⅱ）未支付的部分等于或大于一百万（1000000）元，则接收站公司有权从接收站使用方银行保函中提取未支付的款项（包括应支付的利息）。如果接收站使用方在上述提取日后第十（10）个工作日仍未根据第 11.7 条的要求将接收站使用方银行保函补充至全额，则除了第17.2条规定接收站公司可享受的权利以外，接收站公司还有权在书面通知接收站使用方后全部或部分中止本协议的履行，直至接收站使用方银行保函恢复至全额。

11.4.3 如果（ⅰ）接收站公司送达的其他收款通知书项下应支付的款项中的任何部分在到期日未支付，且在另一方收到其他收款通知书之日后的三十（30）天内仍未支付；且（ⅱ）未支付的部分等于或大于十万（100000）元，则接收站公司有权从接收站使用方银行保函中提取未支付的款项（包括应支付的利息）。此外，如果根据本协议的条款对一方作出的仲裁裁决或专家决定规定的款项中有任何部分在上述裁决或决定作出后第十（10）个工作日仍未支付，则接收站公司有权从接收站使用方银行保函中提取未支付的款项（包括应支付的利息）。如果在上述提取日后第十（10）个工作日接收站使用方银行保函仍未根据第11.7条或第11.8条的要求补充至全额，则除了第17.2条规定接收站公司可享受的权利以外，接收站公司还有权在书面通知另一方后全部或部分中止本协议的履行，直至接收站使用方银行保函恢复至全额。

11.5 争议款项

11.5.1 如果一方对收款通知书或其他收款通知书项下应支付的款项的全部或任何部分有异议，该一方仍应按照本合同的约定全额支付该收款通知书或其他收款通知书项下应支付的款项。

11.5.2 如果一方对收款通知书和/或其他收款通知书项下应支付的款项的全部或任何部分有异议，则该一方可在收到收款通知书和/或其他收款通知书后三十（30）天内向另一方发出书面通知对收款通知书和/或其他收款通知书的正确性质疑。如果未及时发出上述通知，则收款通知书和/或其他收款通知书中所示金额将被视为是正确的，已为双方所接收。收到上述通知后，双方应尽合理努力在十五（15）天内解决分歧，并就正确的金额达成一致意见。如果上述十五（15）天的期限结束后六十（60）天内仍未达成一致意见，则任何一方均可根据第19条的规定将争议提交仲裁。如果仲裁裁决认定一方多付了款，则另一方应将多付的金额连同从付款之日起至实际返还之日止按逾期利率计算的利息退还给多付的一方。如果仲裁裁决认定一方少付了款，则该一方应支付少付的金额连同从争议款项的付款到期日起按逾期利率计算的利息。

11.6 货币

本合同项下应支付的一切款项均应以人民币开具收款通知书并支付。如果为了开具本合同项下的收款通知书而需将任何款项从另一种货币兑换成人民币，则汇率应为开具收款通知书的一方在开具当日由中国银行公布的该货币与人民币之间的交易汇率中间价。因汇率变化产生的汇兑损益，由双方自行承担。

11.7 接收站使用方银行保函

11.7.1 接收站使用方应在不迟于起始日前十五（15）日按本协议附件九中所载的格式并根据本合同第11.7条中规定的要求给接收站公司开具一份不可撤销银行保函（下称“接收站使用方银行保函”）。接收站使用方应确保接收站使用方银行保函在期限结束后的第三十（30）天之前始终完全有效。接收站使用方应让出具保函的银行在接收站使用方银行保函期满日前三十（30）天给接收站公司送达一份接收站使用方银行保函续期/重新签发通知。

11.7.2 每一个合同年的接收站使用方银行保函的金额应等于年服务合同量和单位服务费率的乘积。

11.7.3 如果接收站使用方因接收站公司根据第11.4.2条或第11.4.3条规定的提款以外的任何原因未能根据第11.7条的要求使接收站使用方银行保函全额保持有效，则除了第17.2条规定接收站公司可享受的权利以外，接收站公司还有权在提前五（5）个工作日发出书面通知后全部或部分中止LNG服务直至接收站使用方银行保函金额恢复至所要求的金额。

11.7.4 接收站使用方银行保函应由信用等级不低于“A-”级（标准普尔评级）的或其他为接收站公司所接受的银行开具。

11.8 期限结束时的争议

如果到期限结束时本协议项下仍有未解决的争议，则接收站使用方应延长其银行保函的期限（保函担保的金额等于有关的未决争议中对该方提出的索赔的金额），直至有关的争议解决，且有关的一切款项均已付清为止。

第12条
保险

12.1　接收站公司的保险

接收站公司应负责购买并维持合理审慎的作业者根据与LNG接收站设施有关的通常的行业惯例应维持的保险以及其认为其他接收站使用方的LNG存货所适用的其他保险。

12.2　接收站使用方的保险

12.2.1　财产一切险

接收站使用方确认，接收站公司在任何时候均不负责购买或维持覆盖接收站使用方的财产（包括但不限于接收站使用方库存）损失保险的财产一切险，而应由接收站使用方负责购买该等保险。如果接收站使用方决定为其财产可能受到的有形损害购买财产一切险，接收站公司应按照接收站使用方的合理要求向其提供购买财产一切险所需的一切文件和资料。

12.2.2　LNG船保险

接收站使用方应要求LNG船的承运人为其每一艘LNG船购买并维持第12.2条规定的所有保险。该等保险的承保范围均应符合经营信誉良好的LNG船的承运人作为一个合理审慎的作业者在为与接收站使用方的LNG船的类型、尺寸、船龄及所从事的行业类似的LNG船投保时应遵守的标准。接收站公司有权核查该等保险以确定按照国际惯例其承保范围是否充分。在这方面，

（a）应向信誉良好的海事保险商购买并维持船壳和机器保险；且

（b）应根据对提供LNG船的保护与赔偿险富于经验且信誉良好的保护与赔偿险协会的规则向该等协会购买并维持无责任限额入会承保。

12.2.3　第三方责任险

接收站使用方应根据行业惯例购买第三方责任险。该等保险的承保范围中应包括交叉责任条款。

12.2.4　接收站使用方应根据中国的法律和法规为进入LNG接收站的员工、代表、代理购买职工赔偿险和/或雇主责任险（承保范围应包括

职业病）和/或雇主责任险/人身意外伤害险。

12.2.5 接收站使用方购买的财产一切险与第三方责任险应指定接收站公司为共同被保险人，且上述保单中应载明接收站使用方的承保人同意放弃对接收站公司，或接收站公司的任何员工、代理或承包商以及为接收站公司工作的个人、法人的代位追偿权。

12.2.6 LNG船保险的证据

接收站使用方在根据第8.2.1（a）条的规定指定LNG船时应向接收站公司提供这艘LNG船的下列保险证明：承保单、入会证书、有关的承保人的最新规则以及所需的一切保单的详细书面资料。如果拟取消该等保单或拟对其承保范围作重大变更或修改，接收站使用方应提前三十（30）天书面通知接收站公司。接收站使用方还应确保该等保单中包含放弃代位权的条款，并指定接收站公司为共同被保险人。接收站公司不会因收到上述信息而需承担任何义务。

12.3 保险索赔

合同一方应当自意识到任何就所需保险的问题而提起的与合同有关的索赔起三十（30）日内向另一方发出通知。合同任一方均应向另一方提供为应对该保险索赔并进行协商而合理所需的所有协助（包括收集信息）。

12.4 最低保险要求

第12.2条规定的各保险最低限额并非接收站使用方在本合同下的赔偿责任限额。除本合同另有约定外，不应被视为接收站公司同意以接收站使用方购买保险的限额替代超过该限额的接收站使用方财务责任，对实际损失超过保险赔偿数额的金额，接收站使用方应继续赔偿剩余全部损失金额。

第13条
救济措施、责任和限制

13.1 一般规定

13.1.1 一方因违反本合同而应向另一方承担的责任以本合同的条款为准。

13.1.2 双方确认并同意，不管本合同中是否有与此相反的规定：

（a）在本合同项下接收站公司对LNG供应商、承运人均无任何义务和责任；

（b）接收站公司在本合同项下交付至交气点的天然气和LNG均应被视为是接收站公司交付给接收站使用方的，尽管实际上部分该等天然气和LNG是由下游用户提取的；

（c）尽管天然气和LNG实际上部分是由下游用户提取的但接收站公司与任何下游用户之间均不存在任何合同关系；且

（d）在本合同项下接收站公司对任何下游用户均无任何义务或责任。

13.1.3　如果LNG供应商、承运人或任何下游用户因接收站公司履行或违反本合同而向接收站公司提出索赔或提起诉讼（包括该第三方以其在与接收站使用方签订的合同项下享有的权利为依据提出的侵权索赔，但不包括对其他侵权提出的索赔），从而使接收站公司承担任何责任，则接收站使用方应承担一切该等责任并向接收站公司赔偿全部损失及费用，以使其免受任何损害，但是，（ⅰ）如果该等责任是因接收站公司单方面故意的不当行为而产生的，则该等赔偿将不适用；（ⅱ）处理上述索赔或诉讼时接收站公司应与接收站使用方协商，且在未征得接收站使用方的书面同意（接收站使用方不应无正当理由地不给予或拖延给予此种同意）的情况下不应就该等索赔或诉讼达成任何和解。如果接收站使用方有合理理由地拒绝同意某一项拟达成的和解，接收站公司和接收站使用方应真诚合作寻求该等索赔或诉讼的最终解决。如果接收站使用方无正当理由地拒绝或拖延给予同意，则一切后果均由接收站使用方单独承担。

13.1.4　每一方均确认并同意该等约定违约金是对有关事件造成的损害所做的合理估计。因此，双方特此不可撤销地放弃其根据适用法规可能享有的寻求对该等约定违约金作调整的权利。

13.2　未能提取计划的天然气

13.2.1　如接收站使用方在任一供气周提取的天然气和LNG数量少于其周提取量的百分之一百（100%），则接收站使用方应承担接收站公司因此而产生的合理损失，接收站公司有权调整接收站使用方之后的周提取量以弥补提取的天然气数量的不足。

13.2.2　如接收站使用方在任一供气周提取的天然气和LNG数量少

于其周提取量的百分之九十五（95%）（实际提取量与周提取量之间的差额下称“短提气量”），接收站使用方应配合调整船期及提气量，如果该等短提气量影响接收站公司运行，则接收站公司有权处置该等短提气量，包括但不限于代接收站使用方将该等短提气量的全部或部分销售给其他接收站使用方或其他任何购买人，并在收到销售净所得后将其返还给接收站使用方。

13.2.3　如果接收站使用方在任一供气周提取的天然气和 LNG 数量不足周提取量的百分之九十五（95%），且该等不足对接收站公司接收接收站使用方或其他接收站使用方交付货物的能力有严重不利影响，则接收站公司有权在避免产生该等不利影响所需的范围内全部或部分推迟或取消接收站使用方在本合同项下原计划交付的任何一船货物。

13.2.4　如果因为接收站使用方在任一供气周提取的天然气和 LNG 数量少于其周提取量的百分之九十五（95%），而使接收站公司需承担任何责任或损失（包括但不限于任何滞期费、损失的船舶时间、LNG 船的照付不议责任），则接收站使用方应承担该等责任并给予接收站公司赔偿，以使其免受任何损害。

13.2.5　接收站公司在行使其在第 13.2.2 条、第 13.2.3 条和第 13.2.5 条项下的权利时应作为合理审慎的作业者尽合理努力尽量减小接收站使用方未提取计划的天然气可能产生的影响。

13.2.6　为避免疑义，不论任何接收站使用方未接收天然气或 LNG 是否是因不可抗力造成的，接收站公司均可行使其在第 13.2.1 条、第 13.2.2 条和第 13.2.3 条项下的权利。

13.3　短缺天然气

13.3.1　定义

（a）短缺天然气，是指就接收站使用方在任一供气日而言，除非（b）项和（c）项中另有规定，下面第一个数大于第二个数的差额（如果有）：（ⅰ）接收站使用方的日提取量的百分之九十五（95%），（ⅱ）接收站公司实际提供用以交付给接收站使用方的天然气或 LNG 的数量。除超额短缺天然气外，接收站公司无须对短缺天然气承担任何责任。

（b）尽管有第 13.3.1（a）条中关于短缺天然气的相关约定，但因下列情形造成的不应当属于短缺天然气：

（ⅰ）因接收站使用方的原因导致的；

（ⅱ）因不可抗力导致的；

（ⅲ）因接收站公司根据相关政府管理部门的要求开展天然气保供而导致的。

（c）为了避免疑义：

（ⅰ）除非接收站公司已根据本合同的条款销售了该等天然气或LNG，接收站公司因任何原因没有交付给接收站使用方的天然气或LNG（包括不属于超额短缺天然气的短缺天然气）不应从接收站使用方库存中扣除，当根据附件七指定时接收站公司仍然有义务交付该等天然气；且

（ⅱ）接收站公司输送至交气点准备交付但未被接收站使用方提取的天然气或LNG不构成短缺天然气。

13.3.2　超额短缺天然气的补救措施

如果一个合同年中的短缺天然气的总量超过了接收站使用方在该合同年中的年提取量总和的百分之一（1%）（此超过的数量下称“超额短缺天然气”），则接收站公司将向接收站使用方支付等于适用的单位服务费率的百分之五十（50%）乘以超额短缺天然气的补偿费（下称“短缺天然气费”），作为短缺天然气事件唯一的补偿在超额短缺天然气发生的结算周期的收款通知书中，此补偿金额将按第11.1条的规定记为接收站使用方可用作抵冲的抵冲额。

13.3.3　限制

（a）当接收站公司向接收站使用方发出了在某个时期内将会或预计会发生短缺天然气的通知以后，如果接收站使用方已在该通知发出前提交了自己在上述时期内任何一个供气日的日指定量，则该接收站使用方在任何时候均无权增加其在该时期内任何一个供气日的日指定量，除非接收站公司撤销了该时期的短缺天然气的通知。

（b）除了第13.4条中所述情况以外，接收站公司无须向接收站使用方或任何下游用户就未能根据本协议的规定交付天然气或LNG而承担任何其他责任，接收站使用方应支付的LNG服务费用也不会因此而减少。

13.4 未能交付计划的 LNG

13.4.1 如果接收站使用方全部或部分取消了在年度计划或滚动接收计划中计划交付的货物或在到达窗口结束前未发出该船货物的准备就绪通知（此种事件下称“LNG 未能交付事件”），则：

（a）接收站公司将有权根据第 15.1 条的规定中断或削减接收站使用方天然气的供应，并对接收站使用方的天然气交付计划作其他适当的调整；且

（b）尽管在某些情况下，接收站使用方既不是 LNG 供应商或承运人，也不是 LNG 供应商 LNG 的直接购买人，但接收站使用方应承担因 LNG 未能交付事件（包括但不限于未能将天然气或 LNG 交付给其他接收站使用方和其他用户）而导致接收站公司承担的合理责任及费用，并给予接收站公司赔偿，以使其免受任何损害，除非该事件是由接收站公司的过错导致的；

（c）若因为发生了 LNG 未能交付事件（包括但不限于未能将天然气或 LNG 交付给其他接收站使用方和其他用户）而导致接收站公司对年度计划或滚动接收计划进行修改，接收站使用方应承担因此而发生的合理责任及费用，并给予接收站公司或其他接收站使用方赔偿，以使其免受任何损害。

13.4.2 接收站公司行使其在第 13.4.1 条项下的权利时应作为合理审慎的作业者尽合理努力尽量减小 LNG 未能交付事件可能产生的影响。

13.5 未能接收计划的 LNG

13.5.1 如果接收站公司因其自身的过错而未能接收计划的 LNG（下称“货物未能接收事件”），则接收站公司应向接收站使用方承担第 8.7.3 条中规定的责任。

13.5.2 尽管第 13.5.1 条中有约定，但因下列情形造成的不应当属于货物未能接收事件：

（a）因接收站使用方的原因导致的；

（b）因不可抗力导致的；

（c）因接收站公司根据相关政府管理部门的要求开展天然气保供而导致的。

13.5.3　除了第8.7.3条项下的责任以外，接收站公司无须再承担未能根据本合同的规定接收LNG的任何进一步责任，接收站使用方应支付的加工费用也不会因此而减少。

13.6　责任的限制

13.6.1　除非本合同有任何相反的规定，接收站公司不对接收站使用方及其关联方因本合同而产生的或与本合同相关的一切间接、偶发性或惩罚性损害、收入损失或利润损失负责，无论该等损害或损失是由合同行为还是由侵权行为引发，也无论该等损害或损失是基于过错责任还是严格责任。

13.6.2　不管本合同中是否有与此相反的规定，在中国的适用法规允许的最大范围内，任何一个合同年内接收站公司因其在本合同项下应履行的一切义务而需向接收站使用方承担的责任不应超过单位服务费率与该合同年的接收站使用方实际交付的LNG数量的乘积的百分之三十（30%）。

13.6.3　双方特此确认并同意，第13.6.2条的规定是双方在本合同项下拟进行的交易的不可缺少的重要部分，双方依据这些规定签订本合同，如果没有这些规定双方不会签订本合同。因此，双方均特此不可撤销地放弃根据适用法规其可能享有的寻求变更第13.6.2条中规定的责任限额的权利，不管一方因另一方违反第13.6.2条中提及的义务而遭受的损失的实际金额是多少。

13.7　第三方侵权责任

因第三方侵权行为造成LNG接收站设施损坏，致使接收站公司无法履行本合同规定的义务，接收站公司应在知悉该等侵权行为后及时通知接收站使用方，并提供第三方破坏LNG接收站设施的相关证据。接收站公司有权按照法律规定向第三方索赔因其侵权行为造成的接收站使用方的损失，接收站使用方应向接收站公司提供一切必要的协助和证明材料，包括但不限于根据具体情况及法院要求提供代位求偿手续，或作为共同原告或第三人。在接收站公司尽合理努力并及时采取必要措施防止损失进一步扩大的情况下，接收站公司应免责，由第三方侵权方承担接收站使用方的损失。

第 14 条
不可抗力

14.1　不可抗力免责

以第 14 条的规定为前提，若一方延迟履行或不履行其于本合同项下的任何义务，只要该履行因某种行为、事件或情形或多个事件和/或情形的作用受阻或拖延，而此类情况的发生是作为合理审慎的作业者无法合理控制的，并且即使已采取了其理应采取的措施也无法避免的，则该一方不应对其延迟履行或不履行承担责任（下称“不可抗力”）。

14.2　不可抗力

以第 14.1 条为前提，不可抗力事件应包括：

（a）直接影响一方的任何行为、事件或情形，包括：

（ⅰ）火灾、水灾、干旱、爆炸、大气扰动、闪电、风暴、暴风雨/雪、飓风、旋风、台风、龙卷风、地震、滑坡、海难、土壤侵蚀、塌陷、道路冲塌、流行病或其他天灾；

（ⅱ）战争（无论是否宣战）、暴乱、内战、封锁、暴动、公敌行为、入侵、禁运、贸易制裁、革命、蓄意破坏或恐怖主义的严重威胁；

（ⅲ）化学或放射性污染或电离辐射；

（ⅳ）任何政府机构在其合法权限内的行为或实施或采用新的或变更过的国际 LNG 接收站标准和国际 LNG 船标准；

（ⅴ）港口管制；以及

（ⅵ）接收站公司的 LNG 接收站设施部分或全部发生故障、损坏或运转失灵。

（b）任何构成不可抗力的行为、事件或情形，因对下列任一第三方造成直接影响，并在该第三方合理控制范围之外，且对一方产生直接或间接影响的事件：

（ⅰ）其他接收站使用方；

（ⅱ）其他接收站使用方的 LNG 供应商；

（ⅲ）从事或参与将其他接收站使用方的 LNG 运至 LNG 接收站设施的

任何一方；以及

（ⅳ）任何其他用户。

14.3　不可抗力免责的限制

14.3.1　以下情况不应构成不可抗力：

（a）无力支付到期款项（无论因何种原因导致）；

（b）除第14.2（b）条规定的之外，直接受其他第三方影响的事件或情形；

（c）仅仅使履约变得不经济的任何行为、事件或情形；或

（d）第14.2（a）（ⅳ）条所述类型的任何行为：（ⅰ）作为合理审慎的作业者的一方在本合同签字日已知晓或应当知晓的行为；或（ⅱ）仅对主张不可抗力的一方产生影响或对其产生主要影响的任何政府机构的行为。

14.3.2　尽管有第14条的任何其他规定，提出不可抗力的一方的下列义务不得基于不可抗力事件被免除：

（a）接收站使用方根据第13.2.4条就接收站公司与第三方签订的任何合同而承担的责任赔偿接收站公司的义务（接收站公司作为其他接收站使用方可根据该等合同就上述责任主张不可抗力免责的除外）；

（b）接收站公司在第13.6条项下的义务；以及

（c）在不影响第13.6条的前提下，接收站使用方支付结算周期服务费的义务。

14.4　进入设施检查不可抗力情况

在一方主张不可抗力免责后，另一方应对受影响的设施享有合理的检查权，使其得以评估不可抗力的影响以及主张不可抗力免责一方是否遵守其在第14.5条中的义务。

14.5　声称不可抗力一方的义务

声称不可抗力的一方应：

14.5.1　（除非不可抗力事件或情形使通知受阻）尽快［应在二十四（24）小时内］通知另一方发生了不可抗力事件。

14.5.2　（除非不可抗力事件或情形使通知受阻）尽快［应在四十八（48）小时内］通知另一方不可抗力的具体情况以及预计持续时间。

14.5.3 立即且始终采取合理措施以防止或极力减小不可抗力事件的影响。

14.5.4 随时告知另一方不可抗力事件的进程以及预计结束日期。

14.5.5 通知另一方其能够部分或全面恢复履行其义务的日期。

14.6 修改日指定量的限制

在接收站公司向接收站使用方发出不可抗力的通知后，接收站使用方同意不修改其日指定量或届时相关的任何其他预测量，直至接收站公司依照第14.5.5条通知接收站使用方恢复履行义务为止。

第15条
供应中断/削减

15.1 中断/削减的权利

如果接收站公司作为一个合理审慎的作业者无法或可能无法满足接收站使用方及其他接收站使用方的需求，无论是否由于不可抗力（下称“中断供气条件”），在不影响接收站使用方在第13.4条项下的权利的前提下，接收站公司将有权削减接收站使用方的天然气或LNG的交付量，并通知接收站使用方，并且应尽合理努力根据以下原则安排削减：

15.1.1 如果中断供气条件是由于接收站使用方的LNG未及时交货（无论因何种原因），在可行的范围内，接收站使用方的天然气或LNG的交付将先于其他接收站使用方受到中断/削减。

15.1.2 如果中断供气条件是由于其他接收站使用方的LNG未及时交货（无论因何种原因），在可行的范围内，该等其他接收站使用方的天然气或LNG的交付将先于接收站使用方及其他接收站使用方（发生LNG未及时交货的其他接收站使用方除外）受到中断/削减。在接收站使用方与发生LNG未及时交货的其他接收站使用方之间，可供应的天然气应分配如下：（ⅰ）对接收站使用方（合计）的交付量和（ⅱ）对发生LNG未及时交货的其他接收站使用方（合计）的交付量，根据其各自的月提取量或同意预测月指定量（或类似数值）按比例分配。

15.1.3 如出现第15.1.1条和第15.1.2条中未描述的中断供气条件，可供应的天然气应由接收站公司自行决定分配。

第16条
转让

除双方另行达成一致，一方不得在未经另一方事先书面同意的情况下转让其在本合同项下的权利和义务（无论是全部还是部分）。

第17条
终止

17.1　终止

本合同应在以下两项中较早一项发生时终止：

（a）根据第17.2条终止；以及

（b）基本期限届满时或如有延长期，延长期届满。

17.2　提前终止

17.2.1　以下任何一种情形均构成一方在本合同项下的终止事件（下称“终止事件”）：

（a）任何一方未向另一方支付（或安排支付）本合同项下的到期款项，金额超过六百万（6000000）元人民币且在到期日后六十（60）天内未支付；

（b）任何一方对本合同任何其他条款的重大违约行为；

（c）一方发生结业、解散、破产管理、破产、清算、资不抵债或破产接管的情形；

（d）接收站使用方未保持其接收站使用方银行保函的有效性；

（e）接收站使用方银行保函开立方未能根据该银行保函的条款支付其项下的款项。

17.2.2　一旦发生终止事件，未违约一方可自行决定是否向违约一方发出终止通知。若违约一方未在十（10）日内（如属付款方面的违约）或三十（30）日内（如属其他违约情况）予以纠正，则本合同应在前述纠正期限届满时终止。

17.3　终止的结果

本合同的终止不应影响在终止前产生或到期的或由于任何一方的违约

而产生或到期的一方的任何权利或义务。

第 18 条
适用法律

本合同应适用中国法律并根据中国法律解释。（仅为本合同法律适用之目的，中国法律是指中华人民共和国的法律，不包括中国香港特别行政区、中国澳门特别行政区和中国台湾地区的法律。）

第 19 条
争议解决

19.1　争议解决

若双方之间产生与本合同有关的或与本合同的解释、履行或不履行有关的争议，包括涉及本合同的存在、效力、终止或违约的疑义，双方应尽快就争议进行协商以试图通过谈判友好解决该争议。若该争议在一方向另一方发出存在争议的书面通知后四十五（45）天内仍未解决，则任何一方可在通知另一方后根据第 19.2 条将争议提交仲裁以期最终解决。

19.2　仲裁

凡因本合同所引起的或与本合同有关的任何争议，应提交中国国际经济贸易仲裁委员会，根据该会届时适用的仲裁规则进行仲裁。仲裁裁决为终局性裁决，其结果对双方均有约束力。仲裁地为北京。仲裁庭由三名仲裁员组成，并且均能阅读英文文件。如对任何争议进行仲裁，除争议事项或争议事项所涉及的条款外，双方应继续履行本合同约定下的其他义务。

第 20 条
保密

20.1　保密信息

任何一方未经双方一致书面约定不得利用或向除双方之外的任何人透露本合同或任何与本合同有关的保密信息（保密信息包括但不限于任何一

方在签订及履行本合同过程中所获知的对方在技术、商业、财务及其他方面的专业信息及商业机密等)，但任何一方应有权在第20.2条所述的情形下披露任何信息或文件而无须获得另一方的事先书面同意。

20.2　允许披露的保密信息

每一方仅可在下列情况下披露任何保密信息：

(a) 向会计师、其他专业顾问或承销商披露，前提是披露仅是为聘用上述机构之目的并且此等人同意根据与第20条规定相同的保密条款并为双方的利益保管此等披露的信息或文件；

(b) 向法律顾问披露，前提是此等披露仅是为聘用或委托该法律顾问代为处理与本合同有关事项之目的；

(c) 如任何法院或任何法律、规则或规定要求披露，或对一方拥有或主张管辖权的某个政府机构要求披露（并且该机构有权或主张其有权要求听从其权力进行此等披露)，或根据任何公认的证券交易所或设立的分支机构的规则进行的披露；

(d) 向LNG供应商以及从接收站使用方库存购买LNG或天然气的任何买家或善意潜在买家的披露，在上述任何一种情况下均仅限于此等合同的谈判或执行所需的披露，并且前提是此等人同意根据与第20条规定相同的保密条款并为双方的利益保管此等披露的信息或文件；

(e) 向其关联方、股东或股东的关联方的披露，前提是接受披露的机构出于商业上的善意目的需要此等信息，并且同意根据与第20条规定相同的保密条款保管此等披露的信息或文件；

(f) 向任何政府机构的披露，如果此项披露有助于接收站公司和接收站使用方取得遵守本合同中义务所需的批准；

(g) 就第19条中的争议解决向某专家或仲裁庭的披露；以及

(h) 如果任何此等信息或文件已经由于披露一方的原因进入公众视野。

20.3　公告

任何一方不得就本合同发布或作出任何公告、新闻简报或声明，除非该一方事先向另一方提供一份该公告、新闻简报或声明并取得另一方的书面批准（不得不合理地拒绝或延迟给予批准)，前提是如果任何一方认为为了遵守对该一方拥有管辖权的任何政府机构、法律程序或证券交易所的任何相关法律、规章或规定，其有必要发布或作出任何此等公告、新闻简报或声明，则不应阻止该一方采取此类行动。

20.4 保密义务的持续期间

第20条中所述的义务和限制在本合同到期或提前终止后继续有效，直至该部分或全部保密信息合法进入公众视野时为止。

第21条
陈述和保证

每一方向另一方陈述并保证：

（a）其合法设立或组建（视具体情况），且合法拥有履行本合同项下相关义务所需的全部资质及许可；

（b）拥有完备的法律资格和法人权限签署本合同；

（c）不是任何可能影响其对本合同履行的诉讼或其他法律程序的主体；以及

（d）已充分考虑、协商和理解本合同所有条款的效力。

第22条
通知

22.1 通知

除非另有说明，根据本合同发出的任何通知应采用书面形式，并通过挂号信、书面函件、电子邮件或专人递送的方式发送至一方的如下地址或一方以书面形式通知另一方的其他地址。

致接收站公司：

公司名称：

地址（邮编）：

联系人：

电话：

电子邮件：

传真：

致接收站使用方：

公司名称：

地址（邮编）：

联系人：

电话：

电子邮件：

传真：

22.2　通知送达

任何通知应在下列情况视作已送达：

（a）由专人在某工作日递送的，则在递送之时视作已送达，其他情况下则在下一工作日的上午 10：00 视作已送达，收件一方应签署书面的收条；

（b）通过邮寄递送的，在收到之时视作已送达，条件是以挂号件的方式送达；

（c）通过电子邮件发送的，则在邮件发出后两（2）小时视作已送达，除非发件人收到告知其电子邮件未成功发送的信息。

第 23 条
其他规定

23.1　修改

本合同只有通过双方签署书面文件方可修改。

23.2　批准

每一方应尽合理努力保持其履行本合同所需一切批准的效力。为此在必要时双方应充分合作。

23.3　弃权

未行使或延迟行使产生于本合同的任何权利或救济不应造成或被理解为对此等权利或救济的放弃。放弃要求履行或允许延迟履行本合同项下应履行的任何条件或义务必须由据称已同意上述放弃或延迟的一方签署书面文件。任何一方的放弃不应造成或被理解为放弃追究未在该书面弃权文书中明确指出的任何不履行或违约行为，无论属相同还是不同性质，也无论发生在弃权之前还是之后。

23.4 无第三方受益人

对于将某合同项下的权利授予非该合同签约方的人的法律规定，本合同的解释排除此等法律规定项下的任何权利。本合同不应被理解为除一方以外的任何人设定了任何义务、注意标准或任何责任。

23.5 无代理关系声明

无论为何种目的，本合同不应被视作或理解成授权一方作为另一方的代理。

23.6 无效条款的分割

若本合同的任何条款被裁定无效，则该条款的无效不应影响本合同任何其他条款的效力或作用，并且该无效条款应视作与本合同分离而不影响本合同其余部分的效力。

23.7 遵守法律及监管要求

每一方均同意在履行其各自于本合同项下的义务时遵守所有适用法规。

每一方均同意若本合同约定与政府出台的监管要求不一致，本合同应按照监管要求执行及调整，并签订书面的补充合同。

23.8 费用

每一方应各自承担其因本合同的起草和谈判而产生的所有费用和支出。

23.9 文本

本合同正本一式【】份，接收站公司持【】份，接收站使用方持【】份，每一份合同均具有同等法律效力。

储气库使用合同

托运方：

住所地：

统一社会信用代码：

承运方：

住所地：

统一社会信用代码：

鉴于：

1. 承运方拥有位于____________________的________储气库的经营权，有权对外提供储气库服务，具有天然气接收、储存、采出、计量等资质和能力；

2. 托运方同意按本合同约定的条款和条件购买储气库服务，承运方亦同意按本合同约定的条款和条件提供储气库服务。

根据《中华人民共和国合同法》等相关法律法规的规定，为明确双方在本合同中的权利和义务，建立平等的合同关系，安全、经济、平稳、合理地使用储气库，双方本着自愿、公平和诚实信用的原则，经协商一致，就有关储气库服务购买和提供事宜达成如下条款：

第一条　定义

除非本合同中另有具体规定，本合同中使用的下列词语含义如下：

储气库服务

指承运方提供的，在交接点接收天然气，并将天然气注入储气库，待存储一定时间后，于交接点将天然气交付给托运方的服务；主要包括注气、储气、采气等服务。

交接点

指注气或采气涉及的天然气的交付地点或者位置。交接点包括注气交接点和采气交接点，一般为天然气计量交接后管道法兰与其他设备的连接点，或合同双方另行约定的其他地点。

注气

是指由承运方在交接点接收托运方天然气，并将天然气注入储气库的过程。

采气

指承运方将储气库储存的天然气采出后，于交接点将天然气交付给托运方的过程。

日最大注气量

指在储气库服务期间，托运方可向承运方申请的每日可注气的最大值，日最大注气量与储气库实际储气状态有关，承运方可根据储气库实际储气状态按比例约束托运方日最大注气量，日最大注气量单位为立方米。

日最大采气量

指在储气库服务期间，托运方可向承运方申请的每日可采气的最大值，日最大采气量与储气库实际储气状态有关，承运方可根据储气库实际储气状态按比例约束托运方日最大采气量，日最大采气量单位为立方米。

供气周

指合同期限内除下列情况外的每一个星期一的8：00至下一个星期一的8：00（星期一被视为一个供气周的第一天）：（ⅰ）就第一个供气周而言，指储气库服务起始日的8：00至下一个星期一的8：00；（ⅱ）就最后一个供气周而言，指距合同期限内最后一日最近的一个星期一的8：00至合同期限内最后一日次日的8：00。

供气日

指北京时间上一个日历天的8：00到该日历天的8：00的连续24小时的时间。

交接点压力

指交接点处的瞬时压力，一般约定相对稳定的压力区间。可以采用紧邻交接点的调压装置的出口压力，采用相对压力表示，单位为兆帕。

气质

指本合同约定的天然气质量标准。一般须符合进入长输管道的天然气最新质量标准，也可根据需要补充煤制气等相关气质标准。

储气容量

指在储气库服务期间，托运方可在承运方储气库享有存储标准状态（101.325 千帕、20 摄氏度）下天然气的体积，单位为立方米。

托运方的天然气库存

指根据 5.1.5 条计算出的托运方储存于承运方储气库中的天然气数量（以立方米计）。

合理努力

指一方在当时的情况下采取合理可能的行为，但不包括采取可能会使该方遭受重大损失的行为。

合理审慎作业者

指能诚信地力求履行其合约义务的自然人及组织，该自然人及组织在力求履约以及在其通常的履行承诺过程中，表现出的技巧、勤勉、审慎和预见水平达到了人们合理和通常期望的一个成熟及富有经验的同类业务作业者，在同样或相似的情况和条件下并按照所有适用的法律、国际标准和惯例，履行承诺所达到的水平。

双方是指托运方和承运方，一方是指托运方或承运方。

第二条　合同期限

合同期限

本合同自双方授权代表在合同上签字并加盖公司印章后开始生效，并持续有效直至【】年【】月【】日。本合同项下储气库服务期间起始日为【】年【】月【】日，终止日为【】年【】月【】日。其间，

【】年【】月【】日至【】年【】月【】日为注气期，

【】年【】月【】日至【】年【】月【】日为采气期。

（若为多年合同，需注明各年注气期和采气期，或按如下方式注明：

当年【】月【】日至当年【】月【】日为注气期，

当年【】月【】日至下一年【】月【】日为采气期。)

经双方协商一致，可变更注采期以及注采计划，并签署补充合同。

本合同期限届满前 3 个月，双方应协商延续本合同或另行签订储气库使用合同，达成 2. 1 款所述截止期限后的储气库服务安排。如双方无法协商达成一致，则本合同于 2. 1 款所述截止期限终止。

第三条　储气库服务

托运方向承运方购买储气库服务，储气库服务满足如下条件：日最大注气量【】立方米，日最大采气量【】立方米，储气容量【】立方米。

在书面通知托运方的条件下，承运方有权根据储气库总体库存、托运方所占储气库库存水平，按比例调整托运方日最大注气量、日最大采气量。具体参照本合同附件二。

第四条　服务费率

双方约定，托运方应支付本合同项下其购买的所有储气库服务的款项和其他按照本合同应支付的款项。

合同价格

本合同储气库服务价格为：

储气容量预订费单价：【】元/（立方米·日）（含税价格）或【】元/（立方米·日）（不含税价格），根据第 3. 1 条规定的储气容量计收，即储气容量预订费=储气容量×储气容量预订费单价×天数。

注气服务费单价：【】元/立方米（含税价格）或【】元/立方米（不含税价格），根据托运方实际注气量计收，注气服务使用费=实际注气量×注气服务使用费单价。

采气服务费单价：【】元/立方米（含税价格）或【】元/立方米（不含税价格），根据托运方实际采气量计收，采气服务费=实际采气量×采气服务费单价。

上述不含税价格，双方应按照相关税收政策规定各自承担履行合同产生的税金。在合同期限内，当国家税率调整时，应以合同约定的不含税价格不变，重新计算含税价格。

第五条　交付

交接点、风险和所有权

双方在交接点完成天然气交付。

（1）注气交接点为＿＿＿＿＿＿＿＿＿＿。

（2）采气交接点为＿＿＿＿＿＿＿＿＿＿。

根据实际供气情况，天然气注气交接点的瞬时压力应在【】兆帕到【】兆帕；天然气采气交接点的瞬时压力应在【】兆帕到【】兆帕；压力范围之外的按不合格气处理。

双方应依照本合同约定的条款和条件交接天然气：

（1）注气期间，托运方应在交接点向承运方交付天然气，承运方应在交接点接收天然气。

（2）采气期间，承运方应在交接点向托运方交付天然气，托运方应在交接点接收天然气。

托运方始终享有交付天然气的所有权，并承担交付天然气的受损风险。

双方约定，储气库服务的损耗率为【】%，储气库服务超出该约定损耗率的额外损耗由承运方承担。

托运方的天然气库存等于储气库服务起始日托运方库存（【】立方米）与注气量之和乘以损耗率，减去采气量。

第六条　逾期提气

托运方应当及时提取储存的天然气，以保证在储气库服务期结束且双方无续签储气库服务合同时，托运方的天然气库存为零（0）立方米。

储气库服务期结束时，非因承运方原因导致托运方的天然气库存大于零（0）立方米，托运方在收到承运方发送的书面限期提气通知书后，储气库服务期结束日至上述通知限期内的储气库服务费按照原储气库服务费按天计算的单价的【】%计算，计算公式为：【】。

托运方应当在限期内提气完毕，或在限期内与承运方另行签订储气库使用合同。否则，自限期提气期届满之日起，超期的储气库服务费单价按原储气库服务费按天计算的单价的【 】%计算，计算公式为：【托运方的天然气库存】，储气库服务费计算至托运方提气完毕或承运方另行公开拍卖出售该部分天然气为止；承运方另行出售该部分天然气的，应提前通知托运方且无须另行征得托运方同意，该部分天然气出售后，承运方应书面通知托运方，出售取得的价款在扣除相应的储气库服务费和变现所需的全部费用后，若有剩余款项的，承运方应支付给托运方；出售取得的价款无法弥补承运方损失的，托运方应继续承担赔偿责任。

储气库服务期结束时，若因承运方责任导致托运方天然气未按期提取，经与托运方沟通后承运方应另行通知托运方时间窗口期以提取剩余天然气量，且承运方应按照原储气库服务费按天计算的单价的【 】%赔偿托运方，计算公式为：【 】。

第七条 气体质量

双方约定，托运方在接入点将天然气交付给承运方、承运方在交付点交付给托运方的天然气符合国家标准《天然气》（GB 17820—2018）中所规定的一类天然气标准。托运方应确保注气交接点的天然气符合上述标准，承运方应确保采气交接点的天然气符合上述标准。承运方有权将托运方的气体与储气库中的其他气体混合。

天然气质量检验

天然气检验：交付方应对交付的天然气的组分、水露点、烃露点采用在线检测方式或其他双方认可的监测方式进行检验，以交付方检测报告为准。

检测结果：交付方对检测数据记录备案以供双方查验，如有异议，双方共同派人到现场取样送往主合同中约定的检测机构检测，以该检测值为准，双方备案。

检测执行的标准：天然气的质量检测执行中华人民共和国现行相关标准：

《天然气的组成分析　气相色谱法》（GB/T 13610—2003）；

《天然气发热量、密度、相对密度和沃伯指数计算方法》（GB/T 1102—1998）；

《天然气水露点测定冷却镜面凝析湿度计法》（GB/T 17283—1998）；

《天然气取样导则》（GB/T 13609—1999）；

《气体分析校准用混合气体的制备称量法》（GB/T 5274—1985）。

当国家有新标准颁布时执行新的标准。

不合格天然气接收

通知

一旦获悉有不合格的天然气正在或可能在交接点交付，托运方应立即通知承运方，承运方亦应立即通知托运方。

接收或拒收

托运方一旦获悉有不合格天然气正在或可能在交接点交付给承运方，应立即通知承运方。承运方获悉后可选择接收或拒收该天然气，如承运方未将其选择通知托运方，则视为同意接收不合格天然气。

承运方一旦获悉有不合格天然气正在或可能在交接点交付给托运方，应立即通知托运方。托运方获悉后可选择接收或拒收该天然气，如托运方未将其选择通知承运方，则视为同意接收不合格天然气。

补救

如承运方在知情的情况下同意并接收了托运方在注气交接点交付的由于托运方原因产生的不合格天然气，托运方应给予承运方补偿。

如托运方在知情的情况下同意并接收了承运方在采气交接点交付的由于承运方原因产生的不合格天然气，承运方应给予托运方补偿。

第八条　天然气计量

依照《中华人民共和国计量法》的规定，注气交接点的天然气计量值以托运方指定的天然气计量设施计量值为准，采气交接点的天然气计量值以承运方指定的天然气计量设施计量值为准，交接计量方式遵循管道与储气库计量交接协议约定。

计量规范

天然气流量计量执行中华人民共和国现行相关标准：

《天然气计量系统技术要求》（GB/T 18603—2014）；

《用气体超声波流量计测量天然气流量》（GB/T 18604—2014）；

《封闭管道中气体流量的测量　涡轮流量计》（GB/T 18940—2003）；

《天然气标准参比条件》（GB/T 19205—2008）；

《用标准孔板流量计测量天然气流量》（SY/T 6143—2004）。

如今后国家有新标准和计量办法，应当执行新标准。

计量值

双方交接签字人员应相对稳定并有本合同主体双方出具的委托书，经对方确认各留一份备案。

交付气量按公历日（每日 8：00 至次日 8：00）读值确认。

注采气期间，每日 10：00 前，在交接点由双方进行计量交接单据的确认，包括计量交接量和气质情况，双方签字盖章的相关计量交接凭证和气质分析报告作为交接和结算依据。

在日常计量交接过程中，如一方对计量值或影响计量值的天然气状态、组分等有异议，交接人员应对当日计量值先确认，再由双方共同对存在的异议及分歧作详细备注。对于分歧和异议根据本合同中的有关约定由双方协商解决。

若指定计量装置发生故障，可暂时以双方临时协商确定的计量值为准，待指定计量装置恢复正常后仍以原指定计量装置读值为准。

天然气按体积计量。天然气体积计量的状态标准执行《天然气标准参比条件》（GB/T 19205—2008），温度 20℃（293.15K），绝对压力 101.325kPa 千帕（一个标准大气压）。

双方同意按如下计算方式作为能量损失补偿：____________。

计量值争议处理

若托运方对计量值有异议，应在收到承运方结算单或发票 90 日内以书面形式向承运方提出，经双方协商解决。若协商不成，双方同意由有资质的计量检定机构对承运方确定的天然气交接计量器具进行检定。若检定认定不合格，检定费用由承运方承担；若检定认定合格，检定费用由托运方承担。计量争议未解决前，托运方应先按承运方计量值结算，不得拒付款项。待争议解决后，再进行调整。

若承运方对计量值有异议，应在收到托运方交付的天然气 90 日内以书面形式向托运方提出，经双方协商解决。若协商不成，双方同意由有资质的计量检定机构对托运方确定的天然气交接计量器具进行检定。若检定认定不合格，检定费用由托运方承担；若检定认定合格，检定费用由承运方承担。计量争议未解决前，承运方应先按托运方计量值结算，待争议解决后，再进行调整。

第九条　费用结算

费用结算方式

费用按以下方式结算：

储气库按周结算储气容量预订费、注采服务费及照付不议金额，托运方在收到承运方发送的结算单电子版及正式发票后的 7 个工作日内完成支付。

费用支付方式

托运方应通过银行转账方式向本合同签订的开户银行及账号支付储气库服务费用。未经双方签订变更合同明确承运方开户银行及账号的变更，托运方不得改变本合同约定的承运方开户银行及账号。

超额使用

托运方应就超日合同量支付费用，该费用以以下方式计算并支付：【】。托运方逾期未支付应付费用的，应向承运方支付该部分费用的利息，利息按届时全国银行间同业拆借中心公布的一年期贷款市场报价利率折算为日利率后上浮 10%计收。如果在付款到期后 30 天内仍未付款，承运方可暂停储气库服务，直到托运方支付应支付款项。

未足额使用

如果在一个供气周内因托运方的原因，未足额使用该供气周日指定之和确定的注采量，则托运方应按照该供气周日指定之和确定注采量的【90】%减去该供气周的实际注采量支付本供气周的照付不议金额。

如果在一个供气周内因承运方的原因，未足额提供该供气周日指定之和确定的注采服务，则托运方按照该供气周的实际注采量支付本周费用。承运方未足额提供服务部分，由承运方承担违约责任。

托运方逾期未支付应付费用的，应向承运方支付该部分费用的利息，利息按届时全国银行间同业拆借中心公布的一年期贷款市场报价利率折算为日利率后上浮 10%计收。如果在付款到期后 30 天内仍未付款，承运方可暂停储气库服务，直到托运方支付应支付款项。

发票开具

承运方以交接点计量值和托运方预订储气容量为结算依据，每周向托运方出具增值税专用发票。

因发票、抵扣发票产生争议的，异议方须在该发票所载日期之后的 7 个工作日内书面通知承运方。超出该期限的，上述发票所列数额和数据具有法律约束力且所有质疑权终止。托运方不得以发票、抵扣发票争议为由拒绝或减少支付按照本合同相关条款约定应当支付的储气库服务费。

第十条　计划与指定

计划

双方同意，按照附件一约定的分月注采计划使用和提供储气库服务。

日指定

日指定提交规则

（1）双方以本合同附件一中约定的日计划注采量和注采方向作为原日指定。托运方未在本合同约定的日指定周期内提交更改的，承运方有权以托运方原日指定作为托运方最终日指定。

（2）经双方协商一致，可变更原日指定。

（3）托运方提交的所有日指定，只有在承运方确认后才可被认为有效。

（4）所有日指定信息均应符合双方约定的格式规定与要求。托运方提交的日最大注气量不得超过本合同约定的日最大注气量。

托运方提交的日最大采气量不得超过本合同约定的日最大采气量，且总提气量不得超过托运方在承运方储气库中储存的天然气量。托运方在当日 15：00 前提交次日日指定，承运方在当日 18：00 前进行确认和发布，托运方未在承运方规定的日指定周期内提交日指定的，承运方按前一日日指定执行。

托运方在当日 18：00 前提交当日日指定变更，承运方在当日 19：00 前确认和发布。一般情况下每日只允许进行一次变更，如遇特殊情况需要进行一次以上变更，则由双方协商确定。

双方应尽合理努力，按照本合同约定的注采速率均匀注采气。

对于计划修改和调整的注采能力，按以下规则进行分配：当注采能力不足时，日指定按照签约日计划注采能力占总注采能力的比例进行缩减；当注采能力富余时，按照日指定先到先得原则分配富余能力。

第十一条　检修与抢修

在合同存续期内，双方均有权对本方设施进行维修操作，并且任一方有权在提前通知另一方的情况下，将从事维修操作的期限（“维检修期”）内任一日有义务托运或承运的天然气数量降低到低于日均签约注采能力的水平。

双方约定，双方全年总的影响天然气托运或承运的维检修时间不应超过 15 日，双方应共同努力降低因维修计划而造成的运输中断的可能性。

双方制订和确认各自设备检修计划的时间与注采计划时间一致，并尽最大努力使双方的维修期重合，将双方检修计划对注采气的影响尽力控制在合理范围内。

在任一方的维修计划所规定维护操作开始之前的 5 个工作日，该方应向另一方发出一份书面通知。

若发生设备检修计划的变更，发起计划变更的一方应提前 5 个工作日将检修计划书面通知对方，双方对变更后的计划认可后方能实施。

双方应尽量避免不必要的非计划维检修。但如果一方出现作为合理审慎作业者所不能避免或不能克服的突发故障，应及时通知对方。对方应尽合理努力配合以降低影响和损失，但配合方不承担由此给另一方生产运行造成的损失。

双方或双方代表可根据需要签订关于设施维检修的合同，明确相关任务、程序和标准等事宜。

第十二条 保险

在合同期内，双方应根据实际情况自费向具有良好财务状况的承保人投保。

双方应就其拥有的设备、人员及第三者责任足额投保，以达到风险全覆盖。

托运方应全权负责储气库内天然气的投保事宜，以防止在储气库服务期间发生损失。

第十三条 变更和转让

托运方有权在获得承运方事先书面同意的情况下，将其在本合同项下的全部或部分权利和义务转让给第三方。并签署相关补充合同。

托运方有权部分转让未使用的储气库服务，但不得单独拆分转让以捆绑储气库服务形式签订的工作气量和/或日最大注气量和/或日最大采气量。

在合同有效期内，任一方可向另一方以书面形式提出对本合同或本合同的条款进行协商变更，并在协商一致后，签署有关变更的书面合同。

合同一方发生法定登记名称改变时，应及时向另一方履行通知程序，提供工商变更依据，并按另一方有关规定办理相关变更手续。

第十四条 第三方侵权责任

因第三方侵权行为造成储气库破坏，致使储气库服务中断或减量供应，承运方无法按合同约定提供储气库服务的，承运方应在知道该等侵权行为发生后及时书面通知托运方，立即采取抢修等适当的措施防止损失的扩大，搜集并提供第三方侵权的相关证据。第三方侵权责任认定后，承运方有权按照法律规定向第三方索赔因其侵权行为造成的托运方损失，托运方应依法向承运方提供一切必要的协助和手续，包括但不限于根据具体情况及法院要求提供代位求偿手续，或作为共同原告或第三人。在承运方尽到合理审慎管理责任并及时采取必要措施防止损失进一步扩大的情况下，承运方予以免责。由第三方承担的对托运方的损失赔偿应由托运方享有。

第十五条　不可抗力

不可抗力事件指合同当事人不能预见、不能避免、不能克服的客观情况，包括但不限于地震、水灾、雷击、雪灾等自然事件以及战争、制裁、禁运等超出双方合理控制范围的社会事件或突发重大公共卫生事件。

由于不可抗力原因，使双方或任何一方不能履行合同义务时，应采取有效措施，尽量避免或减少损失，将损失降到最低程度，并在不可抗力发生后 8 小时内以书面形式通知对方，在其后 3 日内向对方提供有效证明文件。

因不可抗力致使合同无法按期履行并造成损失，双方有责任努力减少损失，如因其中一方在应对不可抗力过程中处置不当，或不作为进一步造成对方损失的，应就对方损失扩大的部分承担相应责任。

托运方在本合同下的付款义务不因不可抗力而受减损。

第十六条　违约责任

托运方违约的认定：

对于托运方而言，任意以下事件应被认定为“托运方违约”：

a. 托运方对本合同规定的任何付款义务违约；

b. 托运方或其担保人未能提供本合同“信用信息管理”章节要求托运方提供的财务保证或维持财务保证的持续性；

c. 提供不实、遗漏或误导性的托运方陈述和保证，或违反本合同中载列的任何托运方的陈述和义务。

托运方违约通知：

发生托运方违约时，除承运方的其他权利和补救措施外，承运方可向托运方发出书面通知，以合理的细节信息描述托运方违约，并要求托运方对违约作出补救（“托运方违约通知”）。如果：

a. 托运方的违约行为是其未能根据本合同的规定按时付款，则应就该款项逾期未付的每一天计算利息，直至全额付款为止。该利息按日计算，适用的日利率为届时全国银行间同业拆借中心公布的一年期贷款市场报价利率折算为日利率后上浮10%。且在收到托运方违约通知后十（10）天内仍未能支付。

b. 托运方的违约行为是其未能遵守本合同“信用信息管理”章节的规定，且在收到托运方违约通知后十（10）天内仍未能补救。

则在任何此类情况下，承运方可书面通知托运方，根据本合同中断向托运方提供服务，如果任何此类托运方违约未能在服务中断后额外的十（10）天内得到补救，则承运方可通过向托运方发出书面通知的形式终止本合同。任何此类合同中断或终止在托运方收到对应的书面通知的时点生效。承运方尽最大努力采取必要措施，最大限度减少其遭受的损失。

破产和丧失偿债能力：

若托运方或担保方以及本合同所述财务保证的提供者出现以下情况，承运方将有权通过向托运方发出书面通知的方式终止本合同：

a. 自愿提交清算、接管或破产的申请；

b. 被宣判和裁定为清算、破产或丧失偿债能力，且该宣判和裁定是有效且终局的；

c. 经其股东通过决议，使其进入自愿破产管理程序；

d. 被任何有司法管辖权的司法机构作出清算的裁定；

e. 其全部资产或资产中的主要部分已通过一项资产接收安排被第三方接收；

f. 担保方占有其全部或大部分资产，或对其全部或大部分资产进行征收、执行、追缴、扣押或接受其他法律程序，而该担保方在其后十五（15）个工作日内持有该资产，或任何此类法律程序不被解除、释放、暂停或限制；

g. 行政主管机构发布指令导致托运方、担保方或本合同所述财务保证的提供者丧失偿债能力或很可能丧失偿债能力；或

h. 与其债权人订立合并、重建或重组的安排，且上述安排是符合托运方的债权人、担保方或本合同所述财务保证的提供者的要求而进行的自愿程序。

上述合同终止将在承运方向托运方发出书面通知之日起十（10）天期满后生效，除非在此期限内，托运方向承运方提供符合本合同“信用信息管理”章节规定的财务保证。

承运方违约的认定：

承运方对本合同规定的任何义务的重大违反和违约，且该重大违反和违约持续存在，将被认定为“承运方违约”，除非该重大违反和违约是由于托运方对本合同规定的托运方义务的违反或违约而导致的。

承运方违约的通知：

发生承运方违约时，托运方可以向承运方发出书面通知，以合理的细节信息描述承运方违约，并要求承运方对违约作出补救（“承运方违约通知”）。如果承运方在收到描述该违约行为的书面通知后的30日内未能进行补救，或者该违约行为经合理推定在30日内无法被补救（但是如果在承运方收到托运方发出的书面通知时立即开始并尽职实施补救其违约的行为，这种补救行为在更长的时间内合理推定足以完成对违约行为的补救，则不视为无法被补救），则在任何此类情况下，如托运方今后将因此终止合同，托运方需事先通过书面形式告知承运方；若承运方在收到该等书面告知后的10日之内，未能对其违约行为作出补救的，托运方将行使终止合同的权利。待上述10日届满后，如果承运方确实未能作出补救，托运方有权再行向承运方发出终止本合同的书面通知。上述合同终止的时点是承运方收到合同终止书面通知的时点。托运方尽最大努力采取必要措施，最大限度减少其遭受的损失。

未付款

如任何一方未按期向另一方支付本协议项下的任何应付款项，则应就该款项逾期未付的每一天计算利息，直至全额付款为止。该利息按日计算，适用的日利率为届时全国银行间同业拆借中心公布的一年期贷款市场报价利率折算为日利率后上浮10%。

承运方会将托运方产生的逾期付款利息合并到结算单中。如托运方超过 7 天仍未付清全部应付款，则承运方有权依据本协议的规定暂停或终止本协议。

如托运方对结算单或发票的任何部分有异议、有争议，仍应按期支付结算单的全部费用，托运方无权因任何争议拒绝履行承运方随后提供的结算周期的账单的支付义务。对于账单或发票的争议部分，托运方应向承运方发出包含详细错误描述的通知和支持文件的副本，待争议解决后，双方同意或另行确定的应由一方支付给另一方的款项和按该期间内全国银行间同业拆借中心公布的一年期贷款市场报价利率折算为日利率后上浮 10%并在 2 个工作日内完成支付。

第十七条　责任限制

除非本合同有任何相反的规定，任何一方均不对另一方及其关联方因本合同而产生的或与本合同相关的一切间接、偶发性或惩罚性损害、收入损失或利润损失负责，无论该等损害或损失是由合同行为还是由侵权行为引发，也无论该等损害或损失是基于过错责任还是严格责任。

不管本合同中是否有与此相反的规定，在中国的适用法规允许的最大范围内，任何一个合同年内承运方因其在本合同项下应履行的一切义务而需向托运方承担的责任不应超过【本合同项下所收取储气库服务费用的百分之三十（30%）】。

第十八条　保密与披露

除双方另有约定外，在本合同期满或终止后的 3 年内，任何一方应对由于签订和履行本合同而收到或取得的任何信息保密，不得进行披露或使用（用于履行本合同的目的除外），包括：

本合同或根据本合同订立的任何合同的条款；

与本合同有关的谈判；或

任何与本合同相关的其他人的业务、财务或其他事务信息（包括该人所属集团内的公司业务、财务或其他事务）。

在下列情况下，在需要适当披露的范围内，任何一方不禁止披露或使用保密信息：

为了履行该方在本合同项下的义务或行使或强制执行其在本合同项下的权利而披露；

对披露一方有司法管辖权的法律、任何管理机构或经公认的任何股票交易的规则或规定或披露一方任何母公司所要求的披露或使用；

因本合同引起的任何法律或仲裁程序所要求的披露或使用，或与披露一方的税务有关的税务机构所合理要求作出的披露；

向一方的董事、雇员、代理或专业顾问披露，或向关联公司或关联公司的董事、雇员或代理，或向需要知道上述信息的一方的贷款人披露，但是披露一方需确保得到披露上述机构或个人对信息按与本合同保密条款规定相同的程度给予保密，并不将信息用于向其披露之目的之外的其他目的；

信息已经为公众获得（违反本合同约定造成的除外）；

另一方已经对信息的披露或使用予以事先书面同意。

第十九条　合同条款定期回顾

在本合同期限内的每一年，经任一方要求，双方将进行一次会晤并根据届时和未来的资源供应情况、市场情况，对本合同条款进行回顾。本着互利双赢的目的，双方应按照诚实信用原则同意对合同条款作必要的调整。

第二十条　合同补充与变更

本合同中有关未尽事宜或未作明确表述的，由双方协商解决，经双方或双方代表同意以书面形式作出补充合同作为本合同的补充，补充合同与本合同具有同等效力。

如本合同任何条款不符合监管法规或部门规章，或被监管部门认定违反了监管要求，应立即按监管要求予以纠正和修改。

在本合同有效期内，双方经协商一致达成书面合同后可以变更本合同。

为免生歧义，双方约定合同的履行或事实合同行为，不因双方各自的合并、重组或分立而无效或产生瑕疵。如发生双方中的任何一方出现合并、重组或分立，任何一方提出合同回顾或签订补充合同的，应依照合同约定的方式进行。

除非本合同另有约定外，合同的任何变更必须经双方获得适当授权的代表书面签字并加盖公章或合同专用章后方为有效。

第二十一条　适用法律及争议解决

本合同的订立、解释、履行及效力均受中华人民共和国法律管辖。

对本合同执行过程中发生的一切争议，双方应友好协商解决，如协商不能解决，双方提交北京仲裁委员会仲裁。双方应按照申请仲裁时该会有效的仲裁规则进行仲裁。仲裁裁决为终局裁决，对双方都有约束力。仲裁费用（包括但不限于律师费、仲裁费、鉴定费、交通食宿费和其他仲裁过程中产生的费用）由败诉方承担。

如对任何争议进行仲裁，除争议事项或争议事项所涉及的条款外，双方应继续履行本合同约定下其他义务。

第二十二条　通知

除非另有明确规定，本协议下双方间的所有通知都必须以书面形式作出，由专人、快递邮件、挂号信或传真送至下列约定的该方地址，并出具通知送达的书面确认书。口头通知不构成本协议中的通知。尽管有前述规定，日指定的通知除采用前述方式外还可以采用由双方指定的代表以电子邮件发出通知。

本协议项下发出的通知，在下列情形下应当被视为送达：

以专人、快递邮件、挂号信发出的，应当在受送达人收到的当天或在送达人发出后的第三天被视为已送达。如果收到或发出后的第三天当日不是工作日，或如果是工作日已结束营业之后，则在下一个工作日被视为已送达。

以传真发出的，应当在受送达人收到的当天或送达人发出后的一天被视为已送达。如果收到或发出后的第三天当日不是工作日，或如果是工作日已结束营业之后，则在下一个工作日被视为已送达。

以电子邮件发出的，在发送人的邮件系统确认电子邮件发送至收件人的邮件接收系统后的当天被视为送达。

如果以下通信地址、通信电话、负责人发生变化，变化方有义务在变化后的 3 个工作日内通知对方，若因未通知对方信息变更而产生责任，责任由负有通知义务方自负。

托运方：

地址：

收件人：

电话：

传真：

电子邮件：

承运方：

地址：

收件人：

电话：

传真：

电子邮件：

第二十三条　承诺与保证

本合同中托运方的以下陈述与义务在合同存续期间持续有效：①已取得签订本合同所需的全部批准或授权；②托运方依法成立，合法存续，且已取得履行本合同所需的全部授权与批准，具有履行本合同所需的全部合法权利和职权；③本合同对托运方具有法律约束力，托运方同意按照本合同条款严格执行；④托运方确保本合同项下的天然气不存在任何权利瑕疵，不存在任何留置权、抵押权或其他权利；⑤严格遵守所有适用法律法规；⑥作为合理审慎的作业者，行使其在本合同项下的权利，履行其在本合同项下的义务。

本合同中承运方的以下陈述与义务在合同存续期间持续有效：①已取得签订本合同所需的全部批准或授权；②承运方依法成立，合法存续，且已取得履行本合同所需的全部授权与批准，具有履行本合同所需的全部合法权利和职权；③本合同对承运方具有法律约束力，承运方同意按照本合同条款严格执行；④严格遵守所有适用法律法规；⑤作为合理审慎的作业者，行使其在本合同项下的权利，履行其在本合同项下的义务。

第二十四条 其他

本合同在执行过程中，如遇国家进行有关政策法规调整或出台新规定，调整后的政策法规与本合同中的相关条款不相符时，由双方进行协商订立书面补充合同。

如果本合同的任何条款被认定为无效、非法或不可执行，则本合同中其余条款的有效性、合法性或可执行性不以任何方式受到影响或削弱。

本合同未尽事宜，由双方另行协商约定。

本合同一式＊＊份，双方各执＊＊份，每份具有同等法律效力。

与管网运营相关的法律法规

天然气基础设施建设与运营管理办法

第一章　总则

第一条　为加强天然气基础设施建设与运营管理，建立和完善全国天然气管网，提高天然气基础设施利用效率，保障天然气安全稳定供应，维护天然气基础设施运营企业和用户的合法权益，明确相关责任和义务，促进天然气行业持续有序健康发展，制定本办法。

第二条　中华人民共和国领域和管辖的其他海域天然气基础设施规划和建设、天然气基础设施运营和服务、天然气运行调节和应急保障及相关管理活动，适用本办法。

本办法所称天然气基础设施包括天然气输送管道、储气设施、液化天然气接收站、天然气液化设施、天然气压缩设施及相关附属设施等。

城镇燃气设施执行相关法律法规规定。

第三条　本办法所称天然气包括天然气、煤层气、页岩气和煤制气等。

第四条　天然气基础设施建设和运营管理工作应当坚持统筹规划、分级管理、明确责任、确保供应、规范服务、加强监管的原则，培育和形成平等参与、公平竞争、有序发展的天然气市场。

第五条　国家发展改革委、国家能源局负责全国的天然气基础设施建设和运营的管理工作。

县级以上地方人民政府天然气主管部门负责本行政区域的天然气基础设施建设和运营的行业管理工作。

第六条　国家鼓励、支持各类资本参与投资建设纳入统一规划的天然气基础设施。

国家能源局和县级以上地方人民政府天然气主管部门应当加强对天然气销售企业、天然气基础设施运营企业和天然气用户履行本办法规定义务情况的监督管理。

第七条 国家鼓励、支持天然气基础设施先进技术和装备的研发，经验证符合要求的优先推广应用。

第二章 天然气基础设施规划和建设

第八条 国家对天然气基础设施建设实行统筹规划。天然气基础设施发展规划应当遵循因地制宜、安全、环保、节约用地和经济合理的原则。

第九条 国家发展改革委、国家能源局根据国民经济和社会发展总体规划、全国主体功能区规划要求，结合全国天然气资源供应和市场需求情况，组织编制全国天然气基础设施发展规划。

省、自治区、直辖市人民政府天然气主管部门依据全国天然气基础设施发展规划并结合本行政区域实际情况，组织编制本行政区域天然气基础设施发展规划，并抄报国家发展改革委和国家能源局。

天然气基础设施发展规划实施过程中，规划编制部门要加强跟踪监测，开展中期评估，确有必要调整的，应当履行原规划编制审批程序。

第十条 天然气基础设施发展规划应当包括天然气气源、供应方式及其规模，天然气消费现状、需求预测，天然气输送管道、储气设施等基础设施建设现状、发展目标、项目布局、用地、用海和用岛需求、码头布局与港口岸线利用、建设投资和保障措施等内容。

第十一条 天然气基础设施项目建设应当按照有关规定履行审批、核准或者备案手续。申请审批、核准或者备案的天然气基础设施项目应当符合本办法第九条所述规划。对未列入规划但又急需建设的项目，应当严格规范审查程序，经由规划编制部门委托评估论证确有必要的，方可履行审批、核准或者备案手续。未履行审批、核准或者备案手续的天然气基础设施项目不得开工建设。

由省、自治区、直辖市人民政府审批或者核准的天然气基础设施项目的批复文件，应当抄报国家发展改革委。

第十二条 天然气基础设施建设应当遵守有关工程建设管理的法律法规的规定，符合国家有关工程建设标准。

经审批、核准或者备案的天然气基础设施项目建设期间，原审批、核准或者备案部门可以自行组织或者以委托方式对审批、核准或者备案事项进行核查。

第十三条 经审批的天然气基础设施项目建成后，原审批部门应当按照国家有关规定进行竣工验收。

经核准、备案的天然气基础设施项目建成后，原核准、备案部门可以自行组织或者以委托方式对核准、备案事项进行核查，对不符合要求的书面通知整改。项目单位应当按照国家有关规定组织竣工验收，并自竣工验收合格之日起30日内，将竣工验收情况报原核准、备案部门备案。

第十四条 国家鼓励、支持天然气基础设施相互连接。

相互连接应当坚持符合天然气基础设施发展规划、保证天然气基础设施运营安全、保障现有用户权益、提高天然气管道网络化水平和企业协商确定为主的原则。必要时，国家发展改革委、国家能源局和省、自治区、直辖市人民政府天然气主管部门给予协调。

第十五条 天然气基础设施发展规划在编制过程中应当考虑天然气基础设施之间的相互连接。

互连管道可以作为单独项目进行投资建设，或者纳入相互连接的天然气基础设施项目。互连管道的投资分担、输供气和维护等事宜由相关企业协商确定，并应当互为对方提供必要的便利。

天然气基础设施项目审批、核准的批复文件中应对连接方案提出明确要求。

第三章　天然气基础设施运营和服务

第十六条 天然气基础设施运营企业同时经营其他天然气业务的，应当建立健全财务制度，对天然气基础设施的运营业务实行独立核算，确保管道运输、储气、气化、液化、压缩等成本和收入的真实准确。

第十七条 国家能源局及其派出机构负责天然气基础设施公平开放监管工作。天然气基础设施运营企业应当按照规定公布提供服务的条件、获得服务的程序和剩余服务能力等信息，公平、公正地为所有用户提供管道运输、储气、气化、液化和压缩等服务。

天然气基础设施运营企业不得利用对基础设施的控制排挤其他天然气经营企业；在服务能力具备的情况下，不得拒绝为符合条件的用户提供服务或者提出不合理的要求。现有用户优先获得天然气基础设施服务。

国家建立天然气基础设施服务交易平台。

第十八条 天然气基础设施运营企业应当遵守价格主管部门有关管道运输、储气、气化等基础设施服务价格的规定，并与用户签订天然气基础设施服务合同。

第十九条 通过天然气基础设施销售的天然气应当符合国家规定的天然气质量标准，并符合天然气基础设施运营企业的安全和技术要求。

天然气基础设施运营企业应当建立健全天然气质量检测制度。不符合前款规定的，天然气基础设施运营企业可以拒绝提供运输、储存、气化、液化和压缩等服务。

全国主干管网的国家天然气热值标准另行制定。

第二十条 天然气基础设施需要永久性停止运营的，运营企业应当提前一年告知原审批、核准或者备案部门，供气区域县级以上地方人民政府天然气主管部门，并通知天然气销售企业和天然气用户，不得擅自停止运营。

天然气基础设施停止运营、封存、报废的，运营企业应当按照国家有关规定处理，组织拆除或者采取必要的安全防护措施。

第二十一条 天然气销售企业、天然气基础设施运营企业和天然气用户应当按照规定报告真实准确的统计信息。

有关部门应当对企业报送的涉及商业秘密的统计信息采取保密措施。

第四章 天然气运行调节和应急保障

第二十二条 县级以上地方人民政府天然气运行调节部门应当会同同级天然气主管部门、燃气管理部门等，实施天然气运行调节和应急保障。

天然气销售企业、天然气基础设施运营企业和城镇天然气经营企业应当共同负责做好安全供气保障工作，减少事故性供应中断对用户造成的影响。

第二十三条 县级以上地方人民政府天然气运行调节部门应当会同同级天然气主管部门、燃气管理部门等，加强天然气需求侧管理。

国家鼓励具有燃料或者原料替代能力的天然气用户签订可中断购气合同。

第二十四条 通过天然气基础设施进行天然气交易的双方，应当遵守价格主管部门有关天然气价格管理规定。

天然气可实行居民用气阶梯价格、季节性差价、可中断气价等差别性价格政策。

第二十五条 天然气销售企业应当建立天然气储备，到2020年拥有不低于其年合同销售量10%的工作气量，以满足所供应市场的季节（月）调峰以及发生天然气供应中断等应急状况时的用气要求。城镇天然气经营企业应当承担所供应市场的小时调峰供气责任。由天然气销售企业和城镇天然气经营企业具体协商确定所承担的供应市场日调峰供气责任，并在天然气购销合同中予以约定。

天然气销售企业之间因天然气贸易产生的天然气储备义务转移承担问题，由当事双方协商确定并在天然气购销合同中予以约定。

天然气销售企业和天然气用户之间对各自所承担的调峰、应急供用气等具体责任，应当依据本条规定，由当事双方协商确定并在天然气购销合同中予以约定。

县级以上地方人民政府应当建立健全燃气应急储备制度，组织编制燃气应急预案，采取综合措施提高燃气应急保障能力，至少形成不低于保障本行政区域平均3天需求量的应急储气能力，在发生天然气输送管道事故等应急状况时必须保证与居民生活密切相关的民生用气供应安全可靠。

第二十六条 可中断用户的用气量不计入计算天然气储备规模的基数。

承担天然气储备义务的企业可以单独或者共同建设储气设施储备天然气，也可以委托代为储备。

国家采取措施鼓励、支持企业建立天然气储备，并对天然气储备能力达到一定规模的企业，在政府服务等方面给予重点优先支持。

第二十七条 天然气基础设施运营企业应当依据天然气运输、储存、气化、液化和压缩等服务合同的约定和调峰、应急的要求，在保证安全的前提下确保天然气基础设施的正常运行。

第二十八条 县级以上地方人民政府天然气运行调节部门、天然气主管部门、燃气管理部门应当会同有关部门和企业制定本行政区域天然气供应应急预案。

天然气销售企业应当会同天然气基础设施运营企业、天然气用户编制天然气供应应急预案，并报送所供气区域县级以上地方人民政府天然气运行调节部门、天然气主管部门和燃气管理部门备案。

第二十九条 天然气销售企业需要大幅增加或者减少供气（包括临时中断供气）的，应当提前72小时通知天然气基础设施运营企业、天然气用户，并向供气区域县级以上地方人民政府天然气运行调节部门、天然气主管部门和燃气管理部门报告，同时报送针对大幅减少供气（包括临时中断供气）情形的措施方案，及时作出合理安排，保障天然气稳定供应。

天然气用户暂时停止或者大幅减少提货的，应当提前48小时通知天然气销售企业、天然气基础设施运营企业，并向供气区域县级以上地方人民政府天然气运行调节部门、天然气主管部门和燃气管理部门报告。

天然气基础设施运营企业需要临时停止或者大幅减少服务的，应当提前半个月通知天然气销售企业、天然气用户，并向供气区域县级以上地方人民政府天然气运行调节部门、天然气主管部门和燃气管理部门报送措施方案，及时作出合理安排，保障天然气稳定供应。

因突发事件影响天然气基础设施提供服务的，天然气基础设施运营企业应当及时向供气区域县级以上地方人民政府天然气运行调节部门、天然气主管部门和燃气管理部门报告，采取紧急措施并及时通知天然气销售企业、天然气用户。

第三十条 县级以上地方人民政府天然气运行调节部门、天然气主管部门和燃气管理部门应当会同有关部门和企业对天然气供求状况实施监测、预测和预警。天然气供应应急状况即将发生或者发生的可能性增大时，应当提请同级人民政府及时发布应急预警。

天然气基础设施运营企业、天然气销售企业及天然气用户应当向天然气运行调节部门、天然气主管部门报送生产运营信息及第二十九条规定的突发情形。有关部门应对企业报送的涉及商业秘密的信息采取保密措施。

第三十一条 发生天然气资源锐减或者中断、基础设施事故及自然灾害等造成天然气供应紧张状况时，天然气运行调节部门可以会同同级天然气主管部门采取统筹资源调配、协调天然气基础设施利用、施行有序用气等紧急处置措施，保障天然气稳定供应。省、自治区、直辖市天然气应急处理工作应当服从国家发展改革委的统一安排。

天然气销售企业、天然气基础设施运营企业和天然气用户应当服从应急调度，承担相关义务。

第五章 法律责任

第三十二条 对不符合本办法第九条所述规划开工建设的天然气基础设施项目，由项目核准、审批部门通知有关部门和机构，在职责范围内依法采取措施，予以制止。

第三十三条 违反本办法第十六条规定，未对天然气基础设施运营业务实行独立核算的，由国家能源局及其派出机构给予警告，责令限期改正。

第三十四条 违反本办法第十七条规定，拒绝为符合条件的用户提供服务或者提出不合理要求的，由国家能源局及其派出机构责令改正。违反《反垄断法》的，由反垄断执法机构依据《反垄断法》追究法律责任。

第三十五条 违反本办法第十八条规定的，由价格主管部门依据《价格法》、《价格违法行为行政处罚规定》等法律法规予以处罚。

第三十六条 违反本办法第二十条规定，擅自停止天然气基础设施运营的，由天然气主管部门给予警告，责令其尽快恢复运营；造成损失的，依法承担赔偿责任。

第三十七条 违反本办法第二十五条规定，未履行天然气储备义务的，由天然气主管部门给予警告，责令改正；造成损失的，依法承担赔偿责任。

第三十八条 违反本办法第二十九条规定的，由天然气运行调节部门给予警告，责令改正；造成损失的，依法承担赔偿责任。

第三十九条 相关主管部门未按照本办法规定履行职责的，对直接负责的主管人员和其他直接责任人员依法进行问责和责任追究。

第六章 附则

第四十条 本办法中下列用语的含义是：

（一）天然气输送管道：是指提供公共运输服务的输气管道及附属设施，不包括油气田、液化天然气接收站、储气设施、天然气液化设施、天然气压缩设施、天然气电厂等生产作业区内和城镇燃气设施内的管道。

（二）液化天然气接收站：是指接收进口或者国产液化天然气（LNG），经气化后通过天然气输送管道或者未经气化进行销售或者转运的设施，包括液化天然气装卸、存储、气化及附属设施。

（三）储气设施：是指利用废弃的矿井、枯竭的油气藏、地下盐穴、含水构造等地质条件建设的地下储气空间和建造的储气容器及附属设施，通过与天然气输送管道相连接实现储气功能。

（四）天然气液化设施：是指通过低温工艺或者压差将气态天然气转化为液态天然气的设施，包括液化、储存及附属设施。

（五）天然气压缩设施：是指通过增压设施提高天然气储存压力的设施，包括压缩机组、储存设备及附属设施。

（六）天然气销售企业：是指拥有稳定且可供的天然气资源，通过天然气基础设施销售天然气的企业。

（七）天然气基础设施运营企业：是指利用天然气基础设施提供天然气运输、储存、气化、液化和压缩等服务的企业。

（八）城镇天然气经营企业：是指依法取得燃气经营许可，通过城镇天然气供气设施向终端用户输送、销售天然气的企业。

（九）天然气用户：是指通过天然气基础设施向天然气销售企业购买天然气的单位，包括城镇天然气经营企业和以天然气为工业生产原料使用的用户等，但不包括城镇天然气经营企业供应的终端用户。

（十）调峰：是指为解决天然气基础设施均匀供气与天然气用户不均匀用气的矛盾，采取的既保证用户的用气需求，又保证天然气基础设施安全平稳经济运行的供用气调度管理措施。

（十一）应急：是指应对处置突然发生的天然气中断或者严重失衡等

事态的经济行动及措施。如发生进口天然气供应中断或者大幅度减少，国内天然气产量锐减，天然气基础设施事故，异常低温天气，以及其他自然灾害、事故灾难等造成天然气供应异常时采取的紧急处置行动。

（十二）可中断用户：是指根据供气合同的约定，在用气高峰时段或者发生应急状况时，经过必要的通知程序，可以对其减少供气或者暂时停止供气的天然气用户。

第四十一条 本办法由国家发展改革委负责解释。各省、自治区、直辖市可在本办法规定范围内结合本地实际制定相关实施细则。

第四十二条 本办法自 2014 年 4 月 1 日起实施。

天然气管网设施运行调度与应急保供管理办法（试行）

第一章 总则

第一条 为了贯彻落实《中共中央 国务院关于深化石油天然气体制改革的若干意见》，深化天然气管网运营机制改革，保障管网设施公平开放和安全、稳定、高效运行，维护各方合法权益，保障国家能源安全，制定本办法。

第二条 天然气管网设施运营企业（以下简称“管网运营企业”），接受天然气管网设施服务的企业，以及与天然气管网设施存在物理连接的产、运、储、销等企业，适用本办法。

第三条 国家发展改革委负责指导协调国家天然气管网设施运行调度，指挥全国天然气应急保供；指导各省（区、市）人民政府有关部门开展本行政区域相关管理和天然气应急保供工作。国家能源局及其派出机构在职责范围内开展相关工作。

管网运营企业依法依规运营管理其拥有的或受托管理的天然气管网设施，公平提供运输、存储等服务，按照有关政府部门指挥开展天然气应急保供。

国家石油天然气管网集团有限公司是国家天然气主干管网设施运营企业，以下简称“国家管网集团”。

第二章 储运服务

第四条 管网运营企业根据天然气管网设施运行情况，公平、公正、公开为托运商提供服务，满足托运商运输或存储天然气需求。

第五条 托运商提出服务申请，由管网运营企业按照容量服务分配规则受理。管网运营企业对不符合服务条件和要求，或存在信息造假、重大违约等行为的托运商服务申请不予受理；已经受理的，可以终止服务。审核结果应当告知托运商。

第六条 管网运营企业每年定期集中受理托运商长期容量服务申请，在保障现有容量服务的基础上对剩余容量实行公开竞争，与通过容量服务申请的托运商签订服务合同。在现有容量服务结束前15个工作日内，如托运商未按时提交新的容量服务申请，将被视为主动放弃现有容量服务，被释放的容量将按照规则进行再次分配。

第七条 托运商有短期容量服务或临时容量服务需求的，向管网运营企业提交容量服务申请。管网运营企业根据天然气管网设施容量剩余情况，按照先到先得、申请服务时长优先等原则决定容量分配，并于收到申请之日起5个工作日内答复结果。

第八条 对需承担国家或区域重大应急保供责任的天然气资源、属于2014年底前签订且经国家发展改革委确定的长贸气合同项下的进口天然气、经国家确定的列入煤炭深加工产业规划的煤制天然气等资源，管网运营企业应当简化申请、受理流程，优先提供服务。

第九条 托运商提交的月度及以上容量服务需求计划与合同预定月度及以上容量服务的偏差值在3%以内为正常波动，管网运营企业按照托运商提交的容量服务需求计划分配容量。当托运商提交的月度及以上容量服务需求计划小于合同预定月度及以上容量服务时且差值大于3%时，管网运营企业按照托运商提交的容量服务需求计划分配容量，其剩余容量服务视为托运商主动放弃，放弃容量服务由管网运营企业重新分配。当托运商提交的月度及以上容量服务需求计划大于合同预定月度及以上容量服务且差值大于3%时，管网运营企业先按照合同约定分配容量服务后，根据剩余容量服务情况决定是否接受超出合同约定的容量服务。

第十条 当托运商年度实际使用容量小于合同预定容量的90%时，管网运营企业按照合同预定容量的90%结算费用，因管网运营企业原因造成的除外；当托运商年度实际使用容量大于或等于合同预定容量的90%时，管网运营企业根据托运商实际使用容量结算费用。托运商合同不满一年的，实际使用容量结算周期按合同周期确定。

第十一条 管网运营企业应当按照《油气管网设施公平开放监管办法》及相关配套文件要求，公开和报送相关信息。

第三章　运行调度

第十二条　管网运营企业负责组织其拥有或受托管理的天然气管网设施生产运行，实行统一调度指挥、远程监控操作、维检修作业。

第十三条　管网运营企业应当根据与托运商签署的服务合同约定，制定输气计划。托运商应当根据合同约定，按时提交明确上下载点的年度、月度输气计划以及日指定计划。管网运营企业、托运商、供气方及用户任何一方无法执行输气计划时，应当及时通知相关各方。管网运营企业可结合服务合同约定和管网运行情况，与托运商协商一致后调整输气计划。

第十四条　管网运营企业应当组织托运商制定日指定计划。管网运营企业对托运商提出的符合合同约定的日指定计划，应当接受并执行。托运商日指定与月计划存在偏差、托运商变更日指定计划，须经管网运营企业同意。若托运商未按照合同约定的时间提交日指定计划，或提交的日指定计划不符合合同约定且未被管网运营企业接受，管网运营企业有权以托运商最新提交的最短周期（年、月）输气计划的日均值作为托运商的日指定计划。

管网运营企业、托运商、用户等相关方应当按照日指定量严格控制实际的上下载气量。对托运商不按日指定量上下载天然气的，管网运营企业可采取措施予以限制。

第十五条　托运商应当保障管网设施进出气量平衡。托运商当日进、出管网设施气量差值不应超过当日进气量的3%，累计进、出管网设施气量差值不应超过该累计期内日均进气量的8%；重大节假日期间，托运商当日进、出管网设施气量差值不应超过当日进气量的4%，累计进、出管网设施气量差值不应超过该累计期内日均进气量的10%。因管网运营企业原因造成的，不应当计入托运商进、出管网设施气量差值。

当超过上述限值时，托运商应当自主平衡，或使用管网运营企业提供的不平衡服务。若托运商不能自主平衡且不使用不平衡服务，管网运营企业可采取物理平衡措施，使不平衡气量恢复至限值以内。

第十六条　管网运营企业可在允许额度内为托运商提供不平衡气量借气服务；可利用自有储气设施为托运商提供不平衡气量存气服务。管网运营企业提供的不平衡气量借气（存气）服务收取费用，并进行独立核算。

使用不平衡气量借气方须在7日内向管网运营企业补还全部借气，逾期未还的，管网运营企业可扣减使用方相应数量的下载气量。对无法通过扣减还气的，管网运营企业可通过交易中心采取公开竞价方式代购气量，费用由使用方全额支付。推动建立第三方气量平衡辅助服务市场。

使用不平衡气量存气方须在7日内提取全部存气，逾期未提的，管网运营企业可扣减使用方相应数量的上载气量。对无法扣减上载气量的，管网运营企业可通过代储或在交易中心采取公开拍卖方式代销气量，与使用方据实核算，费用由使用方全额支付。

第十七条 管网运营企业应当根据区域天然气供需状况和发展规划，公平、公正地为托运商提供管道上下载服务。

第十八条 管网运营企业须控制天然气管网管存处在合理区间，管网管存不应当低于管存控制低限且不应当高于管存控制高限。

第十九条 管网运营企业承担保障天然气管网设施安全生产的主体责任，应当加强管道保护，强化安全风险管控，排查整改安全隐患，及时处置突发事件，保障管网设施安全稳定运行。

第二十条 引导地方天然气管网设施以市场化方式融入国家管网集团，统一运营管理。未融入前，鼓励国家管网集团和地方天然气管网运营企业加强协调合作和互联互通，满足托运商服务需求。

第四章　应急保供

第二十一条 国家发展改革委负责全国天然气应急保供指挥。国家管网集团负责全国天然气应急保供调度协调。各地人民政府承担本行政区域民生用气保障的主体责任，负责组织本行政区域天然气应急保供。供气方负责保障天然气资源供应，履行合同，配合应急保供。用户履行合同，配合应急保供。

第二十二条 各省（区、市）要加强地方应急储备和城镇燃气储备的统筹建设、协同运营和灵活调配，强化地方天然气供应安全保障。各省（区、市）组织县级以上地方人民政府建立不低于保障本行政区域上年5天日均消费量的天然气应急储备，组织城镇燃气企业建立不低于保障其年用气量5%的天然气储备。北方采暖省份及南方重点消费地区要研究进一步提高储备标准。

第二十三条 受国家发展改革委会同国家能源局委托，国家管网集团储备并管理一定量的国家天然气应急储备，并配套新增采气及输送能力，按照规范程序报批动用。

第二十四条 在国家发展改革委指导下，国家管网集团牵头制定全国天然气应急压减预案，掌握各省（区、市）人民政府有关部门天然气应急压减预案、供气方可中断用户压减预案。各省（区、市）人民政府有关部门组织制定本行政区域天然气应急压减预案，应当按照本行政区域上年日峰值用气量的15%组织落实可压减用气量。供气方制定本企业可中断用户压减预案，可压减用气量应当达到上年日峰值供气量的15%。应急压减预案应当明确可压减用户、气量，不得涉及民生用气。

第二十五条 国家管网集团应当建立分级预警机制，加强供需监测，当出现全国较大范围天然气供需严重失衡时，向国家发展改革委及时提出预警级别和应急保供方案建议。

根据国家发展改革委批准的预警级别和应急保供方案，国家管网集团协调开展天然气应急保供。国家管网集团启动应急压减预案应当至少提前48小时告知供气方，由供气方至少提前24小时告知相关用户。国家发展改革委提前48小时告知相关省（区、市）人民政府有关部门做好配合。

各地人民政府有关部门根据本行政区域天然气供需失衡情况实施应急保供。各地人民政府有关部门启动应急压减预案，应当提前报本地人民政府批准、上级人民政府备案，有关企业应当至少提前24小时告知相关用户。省级人民政府有关部门启动应急压减预案，应当提前报国家发展改革委备案。

供气方因自身原因不能保障合同履行，须先压减可中断用户用气，保障民生等重点用气。供气方可中断用户用气全部压减后仍不能保障民生等重点用气的，应当及时提请所在地政府有关部门启动应急保供；涉及跨省的天然气应急保供，供气方应当提请国家发展改革委启动。

第二十六条 供需失衡状况恢复72小时后，国家管网集团提出应急保供结束建议，由国家发展改革委会同国家能源局终止应急保供。应急保供结束后，使用国家天然气应急储备的，原则上须在 5 日内补还，逾期未补还的，国家管网集团可扣减使用方相应数量的下载气量；对无法通过扣减还气的，使用方须承担相关费用。国家管网集团根据国家天然气应急储备损耗情况，向国家发展改革委提出补足储备的申请。

第五章　监督管理

第二十七条　国家发展改革委会同住房城乡建设部、应急管理部、市场监管总局、国家能源局等有关部门，依据有关法律法规和职责，对国家天然气管网设施运行实施监督管理。

第二十八条　国家发展改革委、国家能源局组织制定国家天然气管网设施托运商准入标准，国家管网集团依照标准确认合格托运商，合格托运商名单应当报国家发展改革委、国家能源局，国家能源局及其派出机构负责相关监管。

第二十九条　国家发展改革委、国家能源局组织制定国家天然气管网设施容量服务分配规则，国家管网集团依照规则开展容量服务分配，年度及以上容量服务分配结果应当报国家发展改革委、国家能源局，国家能源局及其派出机构负责相关监管。

第三十条　国家发展改革委会同国家能源局建立对国家石油天然气管网设施运行状态的监测和管理制度，接入数据专线，实时动态掌握运行状况。

第三十一条　国家发展改革委会同国家能源局建立国家天然气应急储备，委托国家管网集团建立专门财务账户管理。国家管网集团在规定额度内，可利用国家天然气应急储备提供不平衡服务，按年度向国家发展改革委、国家能源局报告提供不平衡服务情况。应急保供情况下，超出规定额度动用国家天然气应急储备，须报国家发展改革委批准。

第三十二条　国家发展改革委会同国家能源局组织对管网运营企业、托运商、供气方、用户建立信用信息记录、共享、公示等制度，依法依规实施信用监管。

第三十三条　管网运营企业、托运商、供气方、用户等违反有关法律法规和本办法规定的，由有关部门依法依规予以处理。

第六章 附则

第三十四条 本办法中下列用语的含义是：

（一）天然气管网设施：符合相应技术条件和规范，并按照国家及地方有关规定履行审批、核准或备案手续且已取得合法运营资质的天然气管道、场站、液化天然气（LNG）接收储运装置、储气库等设施及附属的基础设施，不包括企业生产专用集输管道输送非商品质量标准的天然气管网设施、军工或涉密天然气管网设施、企业自用的城镇燃气设施等管网设施。

（二）管网运营企业：在中华人民共和国境内注册、符合国家法律法规及相关产业政策，合法运营天然气管网设施的企业。管网运营企业须具备提供运输、存储等服务以及维护天然气管网设施安全稳定运行的能力。

（三）托运商：在中华人民共和国境内注册、符合国家法律法规及相关产业政策的天然气生产供应企业、贸易商、销售企业及大型终端用户，包括天然气（含煤制天然气、煤层气、页岩气、致密砂岩气、生物质气等）生产企业、城镇燃气企业、天然气零售企业、燃气发电企业、工业用户以及其他大型直供用户等。托运商须落实了对应的天然气资源和销售市场，执行天然气管网设施相关技术管理准则和操作程序，满足相关商业和技术要求。托运商委托管网运营企业提供天然气运输和存储等服务，并按照服务合同约定组织上载或下载天然气。

（四）供气方：油气田、储气库、LNG 接收站以及境外管道等天然气资源的生产供应企业和利用天然气管网设施采购天然气资源进行供应的企业。

（五）用户：城镇燃气企业、工业用户等从天然气管网设施下载天然气的企业，按照购销合同约定接收天然气。

（六）天然气管网设施容量：天然气管道输送能力或储气库、LNG 接收站等设施服务能力。

（七）日指定：管网运营企业与托运商确定的日输气计划。

（八）物理平衡措施：是指通过压力或流量控制，来限制上游资源进气量或下游用户分输气量、储气库注采气量，直至强制关阀的平衡措施。

（九）管存控制限值：管网正常运行时，所允许的管存最低限值为管存控制低限，所允许的管存最高限值为管存控制高限。

（十）应急保供：由中央政府或各地人民政府有关部门组织实施，根据全国或局部地区天然气供需失衡情况，通过紧急协调调度天然气资源，必要时实施“压非保民”，恢复天然气供需平衡，保障民生等重点用气。

（十一）重大节假日：国庆、春节。

（十二）储气设施：包括地下储气库，陆上 LNG、CNG 储罐，沿海 LNG 接收站储罐等。

第三十五条 各省级人民政府有关部门应当按照本办法，制定实施细则，加强本行政区域内地方天然气管网设施应急保供管理工作。

第三十六条 本办法实施生效前，托运商与管网运营企业已明确合同或协议约定的，原则上在合同期内继续按合同或协议约定执行。新签、续签或补签合同，按本办法执行。

第三十七条 本办法由国家发展改革委负责解释。

第三十八条 本办法自印发之日起施行。

天然气管网设施托运商准入与退出管理办法（试行）（征求意见稿）

第一章 总则

第一条 【立法目的】为进一步推动天然气管网设施公平开放，规范天然气管网设施的使用及托运商管理，维护公平竞争市场秩序，根据《中共中央 国务院关于深化石油天然气体制改革的若干意见》及相关法规规定，制定本办法。

第二条 【托运商概念】本办法所称托运商，是指在中华人民共和国境内注册、符合国家法律法规及相关产业政策的天然气生产供应企业、贸易商、销售企业及大型终端用户，包括天然气（含煤制天然气、煤层气、页岩气、致密砂岩气、生物质气等）生产企业、城镇燃气企业、天然气贸易批发企业、燃气发电企业、工业用户以及其他大型直供用户等。

第三条 【基本原则】托运商准入与退出，应当坚持公平公正、开放有序、优质服务、有效监管的原则。

第四条 【管理部门】国家能源局及其派出机构负责托运商制度建设和监督管理相关工作。

第二章 托运商准入

第五条 【基础条件】申请成为托运商的企业（以下简称申请企业）应当具备下列条件：

（一）在中华人民共和国境内注册，经营范围包括天然气相关业务，且企业营业执照处于有效期内。

（二）持有与经营范围相对应的、由国家相关行政主管部门颁发的资质许可证明（燃气经营许可证、危化品经营许可证、安全生产许可证、危化品运输许可证之一），且相关资质许可证明处于有效期内。

（三）能够执行天然气管网设施相关技术要求。

（四）进入管网的天然气资源要符合国家相关天然气气质标准。

（五）无不良信用记录，未被列入经营异常名录和严重失信主体名单。

（六）法律、法规规定的其他条件。

第六条 【信息发布】天然气管网设施运营企业（以下简称管网运营企业）负责提供托运商准入注册服务，并在其官方网站公开发布托运商准入公告，列明托运商准入注册程序和申请材料目录等。

第七条 【注册申请】申请企业在管网运营企业办理注册时，按照管网运营企业要求如实提供或填报相关信息。

申请企业提交资料主要包括：管网设施公平开放申请表、营业执照、法人代表、相关资质许可证明、企业信用报告等。

第八条 【受理审核】管网运营企业应当按照本办法要求审核申请企业提交的资料信息，并于收到申请之日起的 10 个工作日内告知审核结果。对于因资料不全等原因导致审核不通过的，申请企业应在接到管网运营企业通知后的 5 个工作日内提交补充或替换资料。

第九条 【准入名单】对符合准入条件的申请企业，管网运营企业通过审核后应当将其纳入托运商名单，并向名单内企业提供管网设施公平开放服务。托运商名单实行动态管理，按年度集中受理和更新调整，原则上不临时受理。

第十条 【名单报送】管网运营企业应当按年度汇总托运商注册情况，报送国家能源局，并对未通过条件审核的企业进行说明。

第三章 托运商退出

第十一条 【主动退出】托运商在服务合同履约结束后主动提出退出的，管网运营企业应当将其移出托运商名单。托运商 2 年内未申请及使用管网设施服务，管网运营企业将其计入观察名单并予以提醒，后续 1 年内仍未提交申请并使用管网设施服务的，管网运营企业可以将其移出托运商名单。

第十二条 【强制退出】管网运营企业应建立定期审查制度，对有下列情形之一的托运商，将其列入强制退出名单并进行注销注册：

（一）隐瞒有关情况或者提供虚假注册申请材料违规进入托运商名单。

（二）严重违反管输服务合同，且拒不整改的。

（三）存在重大失信情况，被有关部门纳入严重失信主体名单的。

（四）企业营业执照或相关资质许可证明过期失效的，且在限期内未取得新证件的。

（五）违反国家相关法律法规规定或被取消相关经营资质的。

（六）存在严重影响天然气管网运行安全行为的。

第十三条 【退出公示】管网运营企业应当及时将退出企业从托运商名单中删除，报送国家能源局，并通过公司网站向社会公布。

第十四条 【再次申请】退出托运商名单的企业，在后续进行托运商申请时，应当根据申请时间重新提交有关材料。管网运营企业可以保留已有合作记录，作为后续服务申请受理的考量指标之一。

第四章 权利与义务

第十五条 【托运商权利】托运商享有以下权利：

（一）向管网运营企业申请天然气管网设施容量服务，并有权查询相关申请受理审批进度。申请内容包括但不限于托运商期望申请的容量产品名称、服务时间和服务量，交付上载点与提取下载点等。

（二）要求管网运营企业按照《油气管网设施公平开放监管办法》及信息公开相关规定，披露申请托运业务所需的相关天然气管网设施运行状态、参数和信息。

（三）要求管网运营企业按照合同约定提供天然气运输、存储等服务。

（四）享有法律、法规规定的其他权利。

第十六条 【托运商义务】托运商应当履行以下义务：

（一）遵守管网运营企业发布的相关技术管理准则和操作程序，严格按合同约定交付和提取托运的天然气。

（二）按照合同约定，缴纳与服务申请量相对应的服务申请保证金或提供履约保函，并支付服务费用。

（三）对无法履行的合同约定容量提前告知管网运营企业，并由其重新分配，保障管网设施进、出气量平衡。

（四）在政府启动相关应急预案时，服从政府对管网设施的应急调度。

（五）履行法律、法规规定的其他义务。

第五章　监督管理

第十七条　【配合监管】国家能源局及其派出机构根据履行监管职责的需要，可以要求托运商提供与监管事项相关的信息和资料，托运商应当予以配合。

第十八条　【投诉举报】管网运营企业无正当理由拒绝企业申请托运商准入或以不合理条件妨碍托运商获得公平服务的，申请企业或托运商可以向国家能源局及其派出机构投诉举报，相关部门应当依法及时处理。

第十九条　【托运商违规】托运商存在下列行为之一的，管网运营企业应当及时向国家能源局报告，并由相关部门依据职责依法依规处理。

（一）提供虚假文件、资料或隐瞒重要事实的。

（二）违反保密要求，泄露相关数据信息的。

（三）不履行合同义务，造成重大损失或严重影响的。

（四）恶意囤积天然气管网设施服务能力的。

（五）严重影响天然气管网安全运行的。

（六）存在其他严重扰乱市场秩序行为的。

第二十条　【信用体系建设】建立完善托运商信用评价制度，依托"信用能源"、信用中国网站和第三方征信机构，逐步建立托运商信用评价体系。

第二十一条　【信用监管】国家能源局及其派出机构会同相关部门根据职责加强托运商监管，对违反国家相关规定，情节严重或拒不整改的，经过公示等程序后纳入严重失信主体名单的，管网运营企业 3 年内不再受理该企业注册申请。

第六章　附则

第二十二条　【管网运营企业】本办法中的管网运营企业是指国家天然气主干管网运营企业。省级管网运营企业及其他管网设施运营企业参照执行，国家能源局派出机构可结合辖区实际会同相关部门制定具体办法。

第二十三条　【解释权力】本办法由国家能源局负责解释。

第二十四条　【生效时间】本办法自×年×月×日起施行。